Utta Keppler

Charlotte von Schiller

Utta Keppler

Charlotte von Schiller

Biographischer Roman

5. VI. 93

STIEGLITZ VERLAG, E. HÄNDLE
D-7130 Mühlacker
A-8952 Irdning/Steiermark

Schutzumschlag: HF Ottmann, Leonberg

ISBN 3-7987-0245-4

Gesamtherstellung: Wiener Verlag, Himberg bei Wien

Inhalt

Charlotte von Lengefeld

Zum Gedächtnis des 20. Februar 1790

Lottes und Schillers Hochzeit

Als das Geschick dereinst zu süßem Lohne
Mir zu Begleitern Lieb und Treu gegeben,
Da deucht' ich mir zum Himmel aufzuschweben,
Das Leben reichte seine Blütenkrone!

Nun faßt nur Sehnsucht jene hellen Sterne
Im Himmelsraum; die Zeit gebiert nur Schmerzen
Und Glaub' und Wahrheit fliehen in die Ferne,
Nichts stillt die Wehmut im zerriss'nen Herzen.

Die Sorge naht im grauen Nebelschleier
Und will für die Geliebten, die mir blieben,
Kein freundlich Bild der Zukunft mehr enthüllen,

Nicht eilen wir zu Tagen froher Feier:
Das Schicksal will des Herzens Kräfte üben,
Und nicht auf Erden wird der Schmerz sich stillen.

Charlotte von Schiller, geb. v. Lengefeld
Vier Jahre nach Schillers Tod, 20. 2. 1809

1. Kapitel Jugend in Rudolstadt

Die Magd vom Heisenhof rannte in den Stall und schrie: „Hannes! Hannes! Anschirren – den Doktor – der Herr . . .“

Die beiden Kinder liefen aus der Haustür, hinter ihnen Frau von Lengefeld. Sie stolperte an der Schwelle und fiel der Magd in die Arme.

Der Kutscher zerrte das Pferd aus dem Stall; es sträubte sich, weil es den Aufruhr spürte.

Droben am Fenster – ein Schattenriß vor dem erleuchteten Zimmer, schwankte eine dunkle Gestalt hin und her, geisterhaft, zuckend, unbeholfen; einen Arm als schwarzen Strang sahen sie von unten, die Hand ans Fensterkreuz geklammert, dann fiel die Erscheinung zusammen und verschwand.

Frau von Lengefeld hatte alles beobachtet, soweit sie dazu imstand gewesen war; sie rannte, wie gepeitscht vom Schrecken, zur Treppe und hinauf, die Magd ihr nach. Die Töchter am Eingang hörten die fliegenden Röcke rauschen.

Die Stimmen der Frauen klangen wie Schluchzen von oben, die Kinder liefen nach, Charlotte vorweg, die Neunjährige, hinter ihr die rasche rundliche Karoline; alle standen sie dann im Halblicht der Kerze, die die Magd – noch glostend – aufgehoben und hingestellt hatte: Auf das Bett gesunken hing der Freiherr, der Vater, Carl Christoph von Lengefeld, den Mund offen, die Augäpfel weiß: sie wußten gleich, daß er tot war.

Luise von Lengefeld, geborene von Wurmb, war nach einer fünfzehnjährigen Ehe Witwe, Mutter ihrer zwei kindlichen Töchter, und dabei Pachtherrin auf Roschwitz und Pippelsdorf, einem Steinschen Gut, das Heisenhof hieß und nicht viel mehr war als ein großer Bauernhof mit mäßiger Wirtschaft und einiger Schuldenlast.

Es gab Kühe und Pferde, auch die in bescheidener Zahl, nicht üppig gepflegt, und Wiesen und Felder, über die Luise kaum den rechten Überblick hatte.

Was sie kannte und wußte, war ihr von Kindheit an tief eingeprägt worden, als Verpflichtung, als Lebensgefühl: daß sie adlig sei und das darzustellen habe, was der Hof erwartete.

Der großherzoglich Schwarzburg-Rudolstädter Hof war von je das Maß aller Dinge für die kleinen Gutsbesitzer, den Landadel der Gegend, und Luise sah deshalb für sich und die Töchter, nachdem das bescheidene Vermögen verbraucht war, keine Zukunft außer einer Stellung bei der fürstlichen Familie.

Ihre Lage war ihr nicht gleich klar gewesen, als der Mann, befürchtet wohl, aber dann doch überraschend, gestorben war: Sie hatte den viel Älteren geheiratet, wie es ihr vorgeschrieben und angelegentlich geraten worden war. Und da sie als arme Adlige wenig Möglichkeiten hatte für eine eigene, vollends für eine Liebeswahl, hatte sie sich an den achtundzwanzig Jahre älteren Lengefeld gebunden, der ein rechtschaffener und zuverlässiger Charakter war und als Oberforstmeister des Fürsten eine sichere Stellung hatte; freilich gehörten zu seinem Amt Kontrollgänge und Überprüfungen der Förster, genaue Kenntnis der Waldbestände, des Bodens, der wirtschaftlichen Nutzung.

Aber eben auf diese umsichtige Geschäftigkeit kam es an, und Lengefeld, der Alternde, hatte mehr und mehr unter Schmerzen der Gelenke und einer zunehmenden Taubheit der Glieder gelitten, als der Arzt, den man endlich befragte, auch Augenschäden und unkontrollierte Bewegungen feststellte.

Das Übel, das der Freiherr mit unerbittlicher Beherrschung unterdrückt hatte, schließlich vortäuschend, was er nicht mehr leisten konnte, brach endlich — scheinbar plötzlich — über ihn herein: eine Lähmung, die ihn auf einer Seite bewegungsunfähig machte.

Er mußte dann in einem Wagen gefahren, auf einer Trage herumgeschleppt werden, mit Schmerzen und mühsam nur imstande, die unebenen Waldpfade zu bewältigen.

Wenn er zu Hause anlangte, brauchte er allerlei Pflege, Wärmung, Tränke und Einreibungen, und Luise wurde schließlich ganz zur Pflegerin, zu einer manchmal übermüdeten und gereizten Gehilfin, und gewöhnte sich an, vieles allein zu tun, um die Dienstboten über den wirklichen Zustand des Herrn zu täuschen.

Nach seinem Tod, der als drohender Schatten schon fast seit dem Beginn der Ehe über ihr gehangen hatte, wurde erst deutlich, daß auf eine ausreichende Versorgung, eine Pension für die Witwe kaum zu hoffen war. Es mußte etwas ganz anderes angefangen werden; ein Einschnitt, eine schmerzhafte Kerbe hatte da — plötzlich trotz aller Voraussicht — den gleichförmigen Trott und die einfarbige Behaglichkeit zerrissen.

Vielleicht empfand das Kind Charlotte das deutlicher als die in ihrer Konvention wie in einem nicht mehr gespürten Panzer gehaltene Mutter, und sogar stärker als Karoline, obwohl diese älter war.

Karoline hatte die glückliche oder gefährliche Anlage, alles farbiger, lauter, eindrucksamer zu erleben als Lotte. Sie verwandelte Äußerliches in Phantasiegebilde, in blumig-geschwungene schwebende Linien, in stilgemäße Ornamente, Formen, die ihrem Wesen entsprachen und die sie ertragen konnte oder sogar herbeiwünschte.

Als man dann den kleinen ländlichen Heisenhof und das eingeengte, aber überschaubare Leben aufgeben und der Sparsamkeit zuliebe nach Rudolstadt ziehen mußte, war es der Mutter um die Nähe des herzoglichen Hofes zu tun, dem man durch die Verbindung zu Lottes Patin, Frau von Stein, näher zu kommen hoffte.

Hatte der leidende Mann schon durch seine Schwerfälligkeit, die nicht nur körperlich war, das Eindringen in die elegante Gesellschaft erschwert, war sein Charakter und vielleicht auch seine ganze Einstellung dagegen gewesen, so suchte die *chère mère*, wie sie jetzt als Mitte der Familie zärtlich und ein bißchen ironisch genannt wurde, mit allerlei gesellschaftlichen Winkelzügen sich und die Kinder dem herausleuchtenden Zentrum des kleinen Fürstenhofes näherzubringen.

Es gab nichts Besseres, die Stufenleiter war vorgegeben, ihre Spitze blitzte als einzig mögliches Ziel. Denn Adel – komme er, woher er wolle – war die Auszeichnung und das Dekor der Erwählten in ihren Augen.

Karoline, die mit sprühendem Witz und gelegentlich scharfem Urteil die gezirkelten Tanzschritte solcher Lebenswege beobachtete, suchte da – wenigstens in ihren Gedanken – manchmal auszubrechen.

Lotte war noch zu sanft, zu angepaßt, zu naiv auch, um sich Kritik zu erlauben. Und gerade sie wurde deshalb von der Mutter dazu ausersehen, als Hofdame zu debütieren, da sie die hübschere, weiblich-sanftere von den beiden Töchtern war.

Das kleine ersparte Vermögen des Vaters war in ein paar Jahren verbraucht. Die wohlwollenden Steins hatten nicht viel zu verschenken, zumal sie durch die Stellung des Mannes als Oberstallmeister und Charlotte von Steins Hofbindung zu größerer Repräsentation verpflichtet waren.

Luise von Lengefeld mietete sich also am Stadtrand von Rudolstadt ein, beengter als vorher und ohne großen „Troß". Freilich, nach außen, beim Auftreten in Gesellschaft suchte sie das Dekor zu wahren.

Man arrangierte Tees, literarische Zirkel, kleine Assembléen, und dabei wollte man die Lengefelds nicht übergehen, besonders da Charlotte von Stein und ihr

Kreis sie einluden. Die Mama redete viel und nicht immer taktvoll von ihren Sorgen um das Auskommen der Mädchen, die eine gute Bildung genossen hätten.

Indessen war die sechzehnjährige Karoline eine junge Dame geworden, während Lolo noch in ihrem träumerischen Kinderland gefangen war, sanft und bescheiden und sehr zurückhaltend; die keckere Karoline zeigte sich, von der Mama lanciert, mit allerlei Talenten, schrieb wohlformulierte Briefe und belebte, lachend, kokett und vital, die kleinen Gesellschaften.

Die *chère mère* sah das gern und unterstrich Karolinens Wirkung durch allerlei schmückendes Beiwerk und farbenfrohe Accessoires, dämpfte kaum ernsthaft ihre Ausgelassenheiten und tadelte nur andeutend die manchmal „zu auffälligen Décolletées".

„Karoline ist ein Füllen", sagte Frau von Lengefeld, „und Lolo ein Eselchen."

Die wußte schon, was man von ihr hielt, und nahm auch die Neckereien der älteren Schwester schweigend und scheinbar unempfindlich hin: Karoline nannte sie zärtlich-spöttisch ein weichmäuliges Grautierchen.

Frau von Lengefeld spürte bitter ihre Lage, da ihr – wie sie meinte – nun nur noch die einzige Aufgabe gestellt war, ihre beiden Töchter in eine vorteilhafte Ehe zu lenken. Es war ein bißchen Intrige dabei, viel Selbsttäuschung, viel unglückliches Lavieren.

Da waren Bälle im Steinschen Haus, dem kleinen Palais, zu denen sich die *chère mère* drängte, für die alle Mühe aufgewandt wurde, um die Mädchen vorteilhaft herauszuputzen, und mit möglichst wenig Ausgaben einen luxuriösen Auftritt zu arrangieren. Es gab manchmal groteske Szenen, die Karoline nicht ohne ironische Kommentare lassen mochte: Lottchens zu schmale Figur, Lines zu füllige, mußten mit Rüschen und Schleifen, mit Stäbchen und Miederschnüren korrigiert werden. Aus den Stoffbahnen der mütterlichen Toiletten, modisch längst verblichen, fertigte die Näherin mühsam und einfallsreich, was die Mädchen kleiden sollte – hochgegürtete, ausgeschnittene Griechengewänder und faltige Schals, gekrauste Décolletées, gepuffte kleine Ärmel. Karoline ließ ihr schütteres Haar um das breite Gesicht bauschig toupieren und winzige Löckchen unter einem Goldreif hervorspringen.

Lotte hielt sich schlichter, und da die Mutter ihr eher die Nebenrolle zutraute – „mein weichmäuliges Grautierchen" – ließ man ihr den Willen.

Die kluge Stein, die Herzogin auch, beobachteten die drei unter ihren vielen geputzten und wirkungssüchtigen Damen mit einer Mischung aus Mitleid und vorsichtiger Ironie; und wer ihnen zusah, entdeckte die ungleiche Wesensart der Lengefeldschen Töchter, das unüberhörbare Auftreten der älteren, die gehaltene, in sich sichere Art der kleinen.

Während die *chère mère* sich mit den älteren Frauen über allerlei Hofklatsch unterhielt, ohne zu tanzen, wie es sich für eine Witwe gehörte, während Line sich drehte und manchmal fast zu laut ihre Pointen anbrachte, stand Lotte oft mit irgendeinem geduldigen Kavalier in einer Nische und hörte ihm zu.

Und der, war er keiner von den Oberflächlichen, staunte im stillen über ein paar gescheite, durchdachte und ganz bescheiden ausgedrückte Meinungen.

Es waren fast lauter unreife Jungen, die da feierten, im Üblichen erzogen, in den Formen gewandt, gute Reiter und Tänzer, alle ein wenig überheblich und alle von Adel.

Aber auch sie, die jungen Männer, hatten, so wenig wie die meisten Frauen, Einblick und Überblick, wenn es um Politik ging; die Gespräche drehten sich um Pferde und Jagden, und unter den Mädchen um Putz.

Lolo und Karoline amüsierten sich darüber, daß vor nicht allzulanger Zeit die aus Paris verbreiteten Moden nicht durch Journale oder durch kolorierte Stiche bekannt werden konnten; kaum gab es so etwas Praktisches und Angenehmes. Man kannte nur die angezogenen Modepuppen aus Peddigrohr, die aus Paris zu Land oder per Schiff nach Deutschland und England verfrachtet wurden — bis man dahinterkam, daß die hohlen Gestelle das waren, was man später „tote Briefkästen“ nannte — unverdächtige Behälter vieler geheimer Botschaften.

Denn der französische Adel floh schon bald aus dem brodelnden Paris, in dem die gefährlichen Spannungen wuchsen, und England unterstützte die Gegenkräfte, die sich der Aufsässigen erwehren wollten, mit Geld und Versprechen.

Die Gestelle waren bei der Rückkehr aus England schwerer als bei der Hinfahrt, und wer sie sich als Modelle sicherte, war der alte — noch immer vermögende — Adel.

Lottes Ehrfurcht vor dem Gesicherten unterschied noch nicht zwischen gedankenlos übernommener Konvention und dem lebendig Gewachsenen und Wachsenden, der „geprägten Form, die lebend sich entwickelt“, wie es goethisch hieß.

Die Form, die das *merry old England* übte und zeigte, Tradition, die einmal ihren Sinn besaß und noch nicht ganz verloren hatte, wie überhaupt alles Gehaltene und Beherrschte, empfand Lotte irgendwie als tröstlich, als beruhigend, weil sie, mehr als Karoline, schon früh und kaum bewußt die Unsicherheit und Fragwürdigkeit ihres gestörten Familienkreises erlebt hatte, die krampfhaften, oft hilflosen Bemühungen ihrer Mutter, festen Boden zu gewinnen nach dem Tod des Vaters. Dieses „englische Beherrschte“ und auch ein wenig Eingleisige tat ihr wohl — sie suchte und fand etwas davon in den Gesprächen mit einigen englischen Offizieren im Steinschen Haus.

Nun war hier unter den eingeführten Gästen eine kleine Gruppe von schottischen Offizieren, lange, schlanke, sportliche Soldaten in kleidsamen Uniformen, die sie von teuren Schneidern eigens anfertigen ließen, junge Leute aus adligen Häusern, die von ihrem Herrentum überzeugt waren und übrigens kurz vor der

Versetzung in den Kolonialdienst standen; und weil sie noch ein Zipfelchen Heimat und Glück in der Erinnerung mitnehmen wollten, schauten sie mit sehnsüchtigen Augen die jungen Mädchen an, die ihnen da vorgeführt wurden.

Captain Heron war einer von ihnen, besonders adrett, Bruder eines Lord Inverary, als Zweitsohn für den Dienst in den Kolonien bestimmt. Lotte suchte manchmal seine Nähe, um sich aus der Atmosphäre eines unerwünschten Herrn Knebel zu retten; Knebel war ein dichtender Schöngeist, Logenbruder des Herzogs, einstiger Prinzenerzieher und viel älter als Lotte.

Lotte war jung, umgeben von einer Gesellschaft, in der erwünschte, verweigerte, beginnende und erkaltende Beziehungen wie Spinnfäden hin und her gingen und wo – durch die Mama gefördert – erotische Empfindungen in der Luft lagen. Karoline sah dem schüchternen Spiel amüsiert zu.

Lotte selber nahm die scheuen Huldigungen errötend an – was eben so üblich war zwischen einem jungen Offizier und einem adligen Fräulein, Blumensendungen und zierliche Briefchen und einmal sogar einen Mondspaziergang in einer baumrauschenden warmen Nacht – und es „erwachte" in ihrem Gemüt die Fähigkeit, Verse zu schreiben und Reime zu finden, die Heron wohl nie zu sehen bekam.

Das Ende der kaum ausgereiften Beziehung war ein schmerzlicher Abschied, für den Karoline schwesterlich vermittelnd die Gelegenheit schuf, ein letztes Zusammentreffen mit Tränen und Treueschwüren, da der junge Mann nach Indien kommandiert worden war.

Was blieb, waren Lottes Verse, die in Erinnerung an dieses Erlebnis am 2. 8. 1787 entstanden. Die Überschrift heißt:

„An. . . 1785."

„O wie oft erwacht in meinem Herzen
Liebevoll dein Bild;

Statt der Freude fühl' ich bitt're Schmerzen
Und mit Sehnsucht meine Brust erfüllt.
Jener Stunde dacht' ich weinend immer,
Da ich einst dich fand;
Dachte Dein beim sanften Abendschimmer
Oft an meines blauen Flusses Strand.
Endlich heilte meiner Liebe Wunden
Die wohltät'ge Zeit;
Und mein Herz hat wieder Ruh' gefunden,
Aber, glaube, nicht Vergessenheit."

Aus Madras schrieb Heron noch einmal an den Freund Knebel, der später den Brief an Lotte weitergab. In ihrem Tagebuch klagte sie ihrer Romanze nach, es hieß da in einem englischen Zitat: *„It's the hardest science to forget."*

Warum der junge Mann sich nicht heftiger um die anmutige Charlotte bemühte, der auch der hochdotierte und hochangesehene Herr von Knebel in aller Korrektheit ein wenig nachstellte – das blieb sein Geheimnis. Mag sein, daß ihm die Karriere doch wichtiger war, daß die Aussichten eines Ausländers, zumal eines Zweitsohnes, dessen älterer Bruder Patronatsherr und Lord wurde, der Mama Lengefeld zu dürftig waren, daß ihm selber nur die Möglichkeit einer späten reichen Heirat blieb – Lotte jedenfalls lernte die *„hardest science"*, zu vergessen nämlich, und beschied sich mit der Erinnerung.

Heron schrieb ihr noch aus Rotterdam und dankte ihr für ihr Abschiedsgeschenk, einen kleinen Reiher in winziger Uniform, das ihn immer begleite – Heron heißt „Reiher" . . . Lotte schickte ihrem „Reiher" ihre Silhouette, und er schrieb ihr darauf:

„Ich habe eine kleine schwarze Gefährtin, sie wird beständig meine Gespielin sein. Ihr ruhiges heiteres Aussehen wird mir manche schwermütige Stunde erleichtern, und in der Betrachtung derselben werde ich mich belebt fühlen durch einige der reinen Gedanken, die das Urbild beseelen."

Weil Frau von Lengefeld ihre Töchter und vor allem die jüngere Lotte bei Hofe und natürlich in Weimar unterbringen wollte, mußte die Kleine französisch sprechen können, und Frau von Stein, Gönnerin und Beraterin der Lengefelds, riet dringend zu einer Reise in die französische Schweiz; Frankreich selber, vollends Paris, schien doch zu unsicher.

Aber die *chère mère* hatte große Sorgen: eine solche Ausgabe war nur mit Schulden zu bestreiten! Karoline, ach, Karoline hatte doch einen Bewerber, der reich war... nur, die Tochter sträubte sich gegen die Verbindung mit dem jungen Herrn von Beulwitz, der ein trokkener, zuverlässiger, aber langweiliger Geselle war. Er war nicht einmal charmant, und Karoline, die Temperamentvolle, brauchte Attraktionen, Abwechslung, blitzende Lebendigkeit, und sie war erst siebzehn Jahre alt!

Endlich erreichte die Mutter mit vielerlei Lamento und drängenden Vorwürfen, daß Karoline wenigstens in eine Verlobung einwilligte – die konnte man noch lösen, und bis zur Hochzeit verginge noch Zeit.

„Bedenke, Kind, wie sich Königstöchter für Land und Familie opfern müssen; und für dich ist es nicht einmal ein Opfergang – dieser nette, ordentliche, wohlerzogene junge Mann, strebsam und sichtlich für eine große Karriere ausersehen!"

Und Beulwitz schickte Blumen und Schmuckstükke und umwarb die „kleine Braut" mit bewundernden Blicken. Karoline erlaubte kaum Zärtlichkeiten.

Die Mama hatte es also nicht lassen können, von der so notwendigen Schweizer Reise zu reden, und welchen Kummer es ihr mache, daß sie die Zukunft der „armen kleinen Lolo" nun auf immer zerstören müsse, weil sie ja doch eine solch wichtige und entscheidende Studienfahrt nicht machen könnten – des leidigen Geldes wegen... Ach, das Unglück ihres Gatten, dieses unverdiente Leid! Und wie er sich noch auf dem Totenbett damit geplagt habe, die Seinen so mittellos und die Mädchen ohne Ausbildung zu verlassen!

Herr von Beulwitz verstand; und weil ihm wirklich an der sprühenden, blühenden Karoline lag, bot er an, die Reise zu finanzieren.

Karoline, die sich eigentlich auf die Abwechslung gefreut hatte, sah das alles nur ungern: ein so großes Geschenk verpflichtete, und sie war es, die den Preis bezahlen mußte.

Sie versuchte, die Hochzeit hinauszuzögern, bis die Reise vorüber wäre; aber sie, die seither robuster und vitaler gewesen war als Lolo, litt plötzlich an einem nervösen Gesichtszucken, das der Arzt auf ein zu kühles Bad zurückführte. Lolo strich der Schwester über Stirn und Wangen, wenn es sie wieder befiel, und Karoline selber beobachtete ihr seltsames Leiden im Spiegel, so oft sich ihr Gesicht zur Grimasse verzerrte . . .

„Manchmal kommt es mir vor", sagte Lotte einmal leise, „als hättest du's dir gewünscht – wie die heilige Kümmernis ihren Bart!" Und sie erzählte der Geplagten die Legende von der christlichen Königstochter, die den Heidenfürsten nicht haben wollte und Gott um einen Männerbart bat, sodaß der Bewerber sich mit einigem Befremden von ihr abkehrte.

Die Fahrt in die französische Schweiz kam zustande. Man fuhr in mehreren Kutschen; zuerst in Richtung Stuttgart – und dahin fuhr man elf Tage lang: Frau von Lengefeld, die beiden Töchter und der Baron von Beulwitz, mit einigen Bediensteten und viel Gepäck.

Anfang Mai 1783 wollte man in Stuttgart sein, freilich nicht auf dem schnellsten Wege.

Bequem waren die Fahrten in der engen Kutsche ohnehin nicht, aber erträglicher durch allerlei eingeplante Aufenthalte, Besuche, Abstecher, so daß eine solche Reise ein langdauerndes, aber erlebnisreiches

Unternehmen war. Und wenn nicht alles zum wilden Abenteuer ausartete, kein Rad brach, kein Straßenräuber sich von einem überhängenden Baum aufs Kutschendach fallen ließ und mit einer riesigen Pistole „Geld oder Leben“ verlangte, dann war man schon recht zufrieden.

Trotzdem war's ein übles Gerüttel und Gestoße, bei nassem Wetter mußte die Wagenplane geschlossen bleiben, so daß die Luft beengend lastete, und auch die Pferde konnten ihre Launen haben, oder gar auf den Poststationen keine guten, kräftigen Tiere bereit sein.

Immerhin, man war enger zusammengerückt, man lernte sich noch besser kennen, man teilte Proviant und manche körperlichen Beschwerden miteinander, und Beulwitz erwies sich als diskreter und hilfreicher Kavalier.

Die Fahrt ging über Coburg, Lichtenfels, Bamberg, Forchheim, Nürnberg, Dinkelsbühl, Ellwangen und dann über Gmünd und Schorndorf nach Stuttgart.

Es war noch hell, ein lauwarmer Maiabend. Man wollte Frau von Wolzogen besuchen, eine Tante der *chère mère*, die in Stuttgart wohnte, um ihren vier Söhnen nahe zu sein, die – wie einst Schiller – die Hohe Carlsschule des Herzogs Carl Eugen besuchten. Der Herzog sammelte dort bekanntlich begabte junge Leute. Alles, was ihm geeignet schien, Ruf und Ruhm der Anstalt und des Landes zu erhöhen, holte er in seine Schule, um „tüchtige Beamte und Gelehrte“ auszubilden, in seinem Sinn und unter seiner Hand – und nach Ausfertigung eines „Revers“, der in den lebenslangen Dienst des Fürsten verpflichtete.

Die „Akademie“, die der Kaiser später in den Rang einer Hochschule erhob, wurde militärisch geführt, mit strengem Reglement, in dem auch der Rangunterschied zwischen Bürgers- und Adelssöhnen deutlich gewahrt wurde.

Aber ihren guten und immer weiterreichenden Ruf dankte die Schule nicht nur dem Rang und den Verbindungen des Herzogs, sondern auch ihren ausgezeichneten Dozenten, die Carl Eugen meist aus Tübingen holte, junge hervorragende Gelehrte, wie den Professor Abel etwa, mit dem Schiller später noch lang freundschaftlich verbunden war.

Frau von Wolzogen freute sich auf den Besuch der Nichte, mehr noch auf die Großnichten, und beschaute mit beherrschter Neugier den vorgesehenen Gemahl der jungen Karoline. Er gefiel ihr nicht durchaus, obwohl Lotte, die Gutherzige, loyal seine Partei ergriff, als die Schwestern mit der Tante allein waren.

Denn Karoline machte keinen Hehl aus ihrer Abneigung, mindestens zeigte sie ihr Unbehagen, wenn die Rede auf eine dauernde Verbindung kam. Die Vorstellung quälte sie sichtlich, daß Beulwitz als Gemahl, als Herr und Meister, ihr seine Anweisungen aufzwingen würde. Und eines Tages könnte er dann doch ihre Abhängigkeit von seinem Reichtum betonen.

Freilich, zunächst standen angenehmere Eindrücke bevor: Frau von Wolzogen hatte viele interessante Bekannte, sie erzählte von ihren weitgespannten Verbindungen. Die Sprache kam auf Schiller, den vielberedeten, dem sie einst auf ihrem Gut Bauerbach Asyl gewährt hatte. Fahnenflüchtig als „entloffener Regimentsmedikus" war er ihr Gast, ein unermüdlich schreibender, eingemauert von Bücherbergen und monatelang von ihrer Hilfe abhängig gewesen. Damals, so wußte man, war der „Don Carlos" entstanden.

Man nahm sich Zeit — Frau von Wolzogen zeigte ihren Gästen bei bequemen Wagenfahrten Stuttgart und seine Umgebung, die Filderhöhen und das Neckartal, lauter harmonische Eindrücke, fast zu harmonisch für die leicht gereizten Nerven Karolines, die ein paarmal mit betontem Stöhnen auf Beulwitzens banale Bemerkungen reagierte; heiter und dankbar aufgenommen von Lotte, der ein lieblich-sanft geschwungener Bergrücken, schimmerndes Licht im Fluß, Weinberge im Abendglanz kleine dichterische Anwandlungen verschafften, die sie — ihrem Alter entsprechend — erfreut registrierte und abends im Gastbett als etwas epigonenhafte Reime zu Papier brachte.

Den Besuch der berühmten Hohen Carlsschule mochten sich die Damen nicht versagen. Er gehörte, vom Herzog empfohlen, für gebildete Gäste sozusagen zum obligaten Programm.

Lotte hatte später, wohl doch unter dem Eindruck von Schillers Erzählungen, über den bedrückenden Anblick berichtet, den die reihenweise aufmarschierten Burschen, die auf Befehl und im gleichen Rhythmus beteten und ähnlich abgezirkelt aßen, im Speisesaal der „Hohen Schule" gemacht hatten: Uniformiert, mit exakt gedrehten Zöpfen, mußten sie gleichsam täglich die unentrinnbare Autorität ihres Brotherrn spüren, der ihnen bei festlicher Gelegenheit als gütiger Mäzen vorgeführt wurde.

„Meine Söhne" – das war freilich nicht nur eine vertrauenheischende Floskel, sondern traf die Wahrheit in einigen Fällen genau: Carl hatte in seiner geliebten und gepflegten Anstalt wirklich etliche seiner „Nebensöhne", und einige, wie der Herr von Ostheim, wurden von Lehrern und Aufsehern wahrscheinlich mit mehr Nachsicht behandelt als etwa der Eleve Schiller, der „nur" der Sohn des Feldschers Caspar war.

Der hatte es freilich durch seine zähe Tüchtigkeit schließlich bis zum Hauptmann, sogar am Ende zum Major gebracht, und das war gewiß ein seltener Fall, da das Offizierkorps sich fast nur aus dem Adel rekrutierte, eine Regel, die sich lang wirksam hielt und noch über hundert Jahre hin galt.

Frau von Wolzogen hatte den Besuch bei den Eltern ihres Bauerbacher Schützlings angemeldet. Man fand die Schillers auf der Solitude und plauderte, ein wenig gehemmt wohl, auch mit der Schwester Christophine, die Lottes hübsches „blaues Jäckelchen" bewunderte.

Elisabeth Dorothea Schillerin, die geborene Kodweiß, Wirts- und Bürgermeisterstochter, war eine geduldige, gütige Frau, bescheiden und gescheit und mit ein bißchen schelmischem Humor, den sie wohl neben dem knorrigen Mann nötig hatte.

Der Vater Caspar hatte sich durch schwere Jahre in Feldzügen und Seuchenzeiten durchgeschlagen, hatte seine wache, „vorspringende“ Intelligenz, seine geistige Neugier dabei kaum befriedigen können, aber, oft genug todmüde, nach dem bitteren gefährlichen Dienst noch gelesen und gelernt. Nur als Feldscher durfte er ein Weniges von der Sehnsucht nach medizinischem Wissen, physiologischen und anatomischen Zusammenhängen stillen.

Er sah gewiß auch Ungerechtigkeiten und Übergriffe, nahm Anstoß an dem – wie er es nannte – „Lotterleben des Hofes“, aber seine militärische Disziplin und seine Ehrfurcht vor der gottgegebenen Obrigkeit hielten jede obstinate Regung im Zaum. Seine Vorstellung von Korrektheit und Ordnung nahm ihm auch jedes Verständnis für das großzügige Schuldenmachen des genialen Sohnes.

Daß Dalberg Friedrich Schiller zum Theaterdichter „ernannte“, daß er gegen die Verpflichtung, jährlich drei Stücke zu liefern, ein festes Gehalt bekommen sollte – davon hielt der Vater Schiller nicht sehr viel.

„Fiesko“ hatte – nach anfänglicher Ablehnung wegen Schillers schwäbisch gefärbter Sprache beim ersten Vorlesen – endlich in Mannheim Erfolg gehabt, aber der hielt nicht lange vor.

Und die Schauspieler nahmen lieber die eingängigen Rollen in Ifflands Stücken an als die psychologisch anspruchsvollen des jungen Dichters, in die man sich versenken und einarbeiten mußte, ohne die herkömmlichen, üblichen Töne anzuschlagen – Pathos, Sentiment, billige Gefühlseffekte, die das wenig kritische Publikum zu Beifallstürmen und Tränenbächen rührten.

Das alles und die pietistisch getönte Abneigung gegen das Theater als „Tummelplatz lasterhafter Bohemiens“, wie Caspar Schiller es sah, ließen ihn brummig und verlegen, wenn auch mit zurückhaltender Höflichkeit auf die Fragen nach dem Sohn antworten.

In der bescheidenen Stube – ein Tisch, Sessel, Stühle, eine eingelegte Kommode und ein Spiegelschrank – saß man eine Weile und trank Kaffee, den Elisabeth Dorothea aus der Küche hereintrug: Eine bauchige bemalte Kanne, Goldrandtassen, dazu Hefegebäck – man war ja angemeldet gewesen.

„Ja, der Fritz . . ."

Die „Räuber" hat man gesehen – die Zuschauer haben geschrien und geschluchzt. Es ist eine neue Art von Theater, die da gespielt wird, und doch sind's die alten theatralischen Effekte – der schwarze und der weiße Sohn und der verhungernde Vater.

Aber da ist eine Wandlung, Erklärung, Auffaltung des „guten" Carl, der auf einmal zum Räuber und Mörder wird und doch edel bleibt –

„Versteh's, wer's kann!" . . . –, Caspar Schiller schüttelte den Kopf.

„Warum er den Braven ‚Carl' heißt – wie unseren Souverain?" wollte die Mutter wissen.

„Und ‚Franz' den Schurken?" fragte Lotte dagegen.

„Ob da die katholische Kirche nicht beleidigt ist? Franz klingt katholisch."

„Die wär's noch mehr mit den wilden Szenen . . . : das Nonnenkloster . . ., und im ‚Carlos' erst . . ."

„Man sagt, der echte Carlos sei mit Folter und Hunger zum Wahnsinn getrieben worden und nach einer Woche im Kerker gestorben . . .", wußte Caspar.

„Und die ‚Räuber'? Ist die Geschichte irgend einmal so geschehen?" fragte jetzt Karoline.

„Die hätt' er vom Schubart", sagte die Mutter aus ihrer Ecke, wo sie neue Milch eingoß.

„Und Schubart? Der Gefangene vom Asperg? Seit sieben Jahren gefangen?" fragte jetzt Beulwitz, der seither geschwiegen hatte.

Man beschloß dann, einen Besuch auf dem „Tränen- und Aschenberg“ einzuplanen. Der Vater Schiller wollte das vermitteln.

An einem Morgen, der mit leichtem Sprühregen alles grüner und blitzender machte und den hellgrauen Himmel wie ein silbrig durchschienenes Schleiertuch darüberbreitete, fuhren die Töchter mit der *chère mère* den ansteigenden Asperg hinauf; Beulwitz hatte sich entschuldigt.

Droben der düstere Durchgang zwischen dem fast schwarzen Mauerwerk, Eingang in die hingestreckte, lastend getürmte Festung.

Schubart hatte oft Besuch, sogar die Carlsschüler kamen herauf, vom Herzog geduldet, der den berühmten Gefangenen gern als Beispiel eines unbotmäßigen Untertanen vorwies, als abschreckendes Exempel dafür, wie man „so einen“ strafte.

Der Kommandant führte die Damen auf den Wällen herum – ach, ein schöner weiter Talblick, den Schubart in Versen gefeiert hatte.

Lotte ergriff die Vorstellung, daß ein Dichter ohne Möglichkeit des Widerhalls, ohne Wirkung auf seine Zeitgenossen, isoliert und der Stimme beraubt leben müßte; der Kommandant versäumte freilich nicht, mit dem Schauobjekt seiner Festung, dem Dichter, zugleich seine geduldige und tolerante Aufsicht zu demonstrieren – Schubart hatte 1783 und das folgende Jahr schon lange die Erlaubnis, „auf den Wällen zu ambulieren“, Klavierstunden zu geben, mit vielen Bekannten zu korrespondieren – er war, so verstand es Carl Eugen, nur noch in leichter Haft, um „sein unmäßiges Feuer zu dämpfen“, wie der Herzog das in Schillers Carlsschultagen ausgedrückt hatte; damals hatte er freilich Schiller gemeint.

Was die gescheite Franziska, die Gefährtin des Herzogs, ihrem Carl immer wieder vorstellte, bedachte der nicht: Daß er den aufbrausenden Rebellen damit – trotz aller humanen Versorgung – zum

Märtyrer machte und mithalf, das geheiligte Gebäude der Autoritäten, des geweihten Souverains, zu untergraben.

Vielleicht, so blitzte es durch Lottes Gedanken, war diese Märtyrerrolle eindrücklicher als alle seine Verse und Lieder und Schriften . . .

Man schickte eine Ordonanz in Schubarts Zelle; der Mann rapportierte, der Herr Professor bitte um etwas Geduld, er sei noch nicht adrett hergemacht und etwas derangiert.

Man führte die Damen inzwischen auf dem Festungshof herum, wo gerade exerziert wurde, bis dann aus einer kleinen Tür ein Trupp Gefangener sich herauswand wie eine graue müde Schlange, einer nach oder neben dem anderen, gebeugte haarsträhnige Köpfe, kaum ein Aufblicken, Ketten an den Handgelenken, schlurfend, langsam.

Da rief jemand aus dem Fenster über ihnen, der Herr Professor lasse bitten.

Schubart war (schon nach dem ersten schweren Jahr) ein bevorzugter Gefangener, allein in der Zelle, die er sich ein wenig bequemer ausstatten konnte. Ein Besuch, vollends von Frauen, war freilich aufregend und alarmierend für den Mann, der im Gleichmaß versunken und in seiner Hoffnungslosigkeit und Verbitterung eingeschnürt lebte. Man hatte ihm gesagt, acht Jahre nach seiner Verhaftung werde er seine Familie sehen dürfen – Helene, seine Frau, der er verzweifelte Briefe schrieb.

Kurz vor diesem Damenbesuch hieß es in seinem Brief an die Frau: *„Der Herzog muß äußerst gegen uns aufgebracht seyn, weil mein siebenjähriger Kerkertod ihn noch nicht auszusöhnen imstande ist . . . Inzwischen bin ich fest gesonnen, einen neuerlichen Versuch für meine endliche Erlösung zu wagen . . . Wie gern wollte ich alles wagen, wenn es Dir erlaubt wäre, mich zuweilen auf einige Tage besuchen zu dürfen und meinen Gram auf Deinem Herzen zu verweinen! Aber schrecklich ist's, daß uns der Herzog so ganz und gar verkennt und uns* *für eine verdächtige Zigeunerbande anzusehen scheint. Gott hilf mir, denn das Wasser geht mir bis an die Seele!“*

Aber die Hoffnung, die Seinigen bald zu sehen, wurde immer wieder – bittere Seelenfolter! – zunichte gemacht.

Und da kamen nun drei Frauen aus der „oberen Welt“, gepflegte ansehnliche Wesen in modischer Tracht, etwas, das er längst nicht mehr kannte. Die Mutter, Madame von Lengefeld, ein wenig dicklich und ein bißchen geziert, mit scheuen, flackernden Augen und gedrehten Schläfenlocken, rosarot und seidenraschelnd, im braunroten Überwurf – (so müßte Helene sich jetzt kleiden, wenn sie nur Geld genug hätte) – und die Töchter, die untersetzte Karoline, die er zuerst für die jüngere gehalten hatte, ihrer runden Wangen wegen, und die andere, die man ihm als Charlotte vorstellte – er verneigte sich vor ihnen allen, vor jeder einzeln – am tiefsten vor Charlotte mit dem langfallenden braunen Haar, den großen rührenden Augen; er nahm den schlanken Hals wahr, die zartschimmernde Haut, die schmale Gestalt – und schaute und schaute, obwohl er sich seiner peinlichen Lage bewußt war, so ungepflegt und schlecht frisiert vor ihnen zu stehen, die ihm wie Engelswesen erschienen.

Der Kommandant von Scheeler beobachtete wohlwollend die Szene, wie er überhaupt gern arrangierte, nicht ganz so berechnend wie sein Vorgänger, der Obrist Rieger, der den Schubart wie eine Fliege in seiner Hand hatte tanzen lassen, als er ihm den „Dr. Ritter“ zuführte und das Gespräch – etwas gewaltsam – auf das neue Schillerdrama lenkte, auf die „Räuber“, über das er, Schubart, eine Rezension hatte drucken lassen – bis Schubart sich, endlich aufgeklärt, in hingerissener Begeisterung und Freudentränen „ergoß“ und Schiller umarmte.

Von dieser Szene hatten die Damen gehört. Man berichtete, wie der junge „Räuber“-Dichter gerührt die

Umarmung des Gefangenen empfing, und was für ein lebhaft angeregtes Gespräch zwischen den beiden hin und her gegangen war.

Jetzt, als die drei Frauen ihre zierlichen Schuhe trippelnd auf dem unebenen Steinboden des Verlieses bewegten, Schubart stehend die Hände rieb und der Wärter sich um Stühle bemühte – diesmal kam kein feuriges Gespräch zustande.

Karoline fragte schließlich in eine peinliche Pause hinein, was man denn für ihn, den gefangenen Poeten, Hilfreiches tun könne.

Aber sie merkte gleich darauf, daß solche Themen, die ja eine Bedürftigkeit voraussetzten, in Gegenwart des Kommandanten unerwünscht waren.

Schubart, im Bemühen, die Damen für die Anstrengung ihres Besuches zu entschädigen, fragte leise und demütig, ob es wohl statthaft sei, daß er sein Gedicht über den Ausblick von der Mauer vortrage? Und beim Nicken des Kommandanten fing er schon an, heiser und selbst gerührt, zu deklamieren:

„Schön ist's, von des Thränenberges Höhen
Gott auf seiner Erde wandeln sehen,
Wo sein Odem die Geschöpfe küßt...
Schön ist's, in des Thränenberges Lüften
Bäume sehn in silberweißen Düften,
Die der Käfer wonnesummend trinkt,...
Und der Neckar, blau vorüberziehend,
In dem Gold der Abendsonne glühend,
Ist dem Späherblicke Himmelslust.
Und den Wein, des siechen Wand'rers Leben,
Wachsen sehen an mütterlichen Reben,
Ist Entzücken für des Dichters Brust...
Aber, armer Mann, du bist gefangen,
Kannst du trunken an der Schönheit hangen?
Nichts auf dieser schönen Welt ist dein!"

Schubart stockte auf einen Wink des Kommandanten, der ihn vorsichtig zur Bank führte, auf der er sonst saß.

Aber er, der sich einen Augenblick lang die Stirn gewischt hatte, stand gleich wieder da, hielt sich an der Mauer und deklamierte mit tönender Stimme, ein bißchen zu pathetisch, wie es Lotte schien:

„Alles, alles ist in tiefer Trauer
Auf der weiten Erde, denn die Mauer
Meiner Veste schließt mich Armen ein ...
Doch herab von meinem Thränenberge
Seh ich dort den Moderplatz der Särge,
Hinter einer Kirche streckt er sich, ...
Grüner als die andern Plätze alle –
Ach, herab von meinem hohen Walle
Seh ich keinen schönern Platz für mich!"

Während der Kommandant mit gefaßter, geübter Geduld aushielt, die Mama sich wohlerzogen und etwas verlegen über die Szene hinwegrettete, von künstlerischen Regungen unberührt, stand Lotte still und in sich gekehrt in einer Ecke und schaute großäugig und mitleidig auf den zerzausten, verstörten Mann, dem in seiner jahrelangen Isoliertheit jedes Selbstgefühl, sogar alles Maß für Abstand und Begrenzung verloren gegangen war; er wußte selber kaum noch, was erwünschtes Pathos, beabsichtigte Rührung – und was echtes Leiden ist ..., ein Entwürdigter, der seine Persönlichkeit kaum mehr aufzubauen fähig sein würde, wenn er ... ja, *wenn* er freikam.

Karoline, scharfen Verstandes, aber voll überschwellenden Gefühls, hatte die Deklamation nur mühsam überstanden – jetzt, bei den erschütternden Schlußsätzen, fing sie plötzlich an zu weinen.

Der Oberst trat auf sie zu und berührte ihren Arm, um sie vorsichtig gegen die Tür zu lenken, die *chère mère* folgte schnell nach, Lotte zögerte noch einen Augenblick und ging dann auf den Mann zu, der erschöpft auf sein Schemelchen hingesunken war. Er hatte die Augen wie in Scham zugedrückt und den Kopf gesenkt; da nahm sie seine herabhängende Hand und hob sie an ihren Mund. Dann lief sie schnell den anderen nach.

Schubart, als ein Exempel für den Unwert des Geistigen in diesem System, ist für Lotte so eindrücklich, daß sie kaum mehr Augen für ihre Umgebung hat; Karoline sieht alles realistischer, so stark und übersteigert sie die Augenblickseindrücke aufnimmt: sie merkt bei allem Mitgefühl auch etwas von Schubarts Überschwenglichkeiten, eben weil sie auch zu ähnlichen Reaktionen neigt. Sie spürt Verwandtes und ahnt Gefährliches, vor dem sie sich selber zu hüten gelernt hat – ganz in Beulwitzens Sinn. Bloß, ob das immer gelingen könnte? Sie hofft es, aber sicher ist sie nicht, Augenblicksmensch, der sie ist . . .

In der Carlsschule lebt seit zwölf Jahren der junge Wolzogen; als er eintreten mußte, war er ein Kind von sechs Jahren, und oft genug verzweifelt, meint seine Mutter, die mit den Rudolstädterinnen eines Tages zu Besuch in die Hohe Schule kommt.

„Erstaunlich", sagt sie, „daß man auch die beiden jungen Damen zuläßt, Karoline, die Braut, und Lotte, das Mädelchen"! Denn – so hat Schiller später gesagt – ‚man erlaubte Damenbesuche nur, ehe die Frauen anfingen, interessant zu werden, und nachdem sie aufgehört hatten, es zu sein . . .'

Der junge Wolzogen, jeder Weiblichkeit ungewohnt, da der einzige „fernverehrende" Aufblick nur der Gefährtin des Herzogs, der Reichsgräfin von Hohenheim, gelten durfte, spürte wohl, daß Lotte noch vom Eindruck der „gefesselten Geistigkeit" in Schubarts Gestalt und der unwürdigen Zwänge in der Carlsschule erfüllt war, er spürte auch Karolines unternehmende Neugier, vielleicht sogar die Sehnsucht, auszubrechen und sich eine neue Welt zu erobern, und sicher sah er auch ein bißchen Koketterie; und obwohl er wußte, daß sie mit Beulwitz verlobt war, verliebte er sich heftig in Karoline.

Sie selber empfand die glühende Aufgeschlossenheit des jüngeren Mannes und auch eine sofort überspringende Sympathie, die Beulwitz kaum bemerkte.

Für ihn war es eine Aufgabe und Anstrengung, beständig der anspruchsvollen geistigen Beweglichkeit und den phantastischen Einfällen seiner Braut nachzukommen; er war es müde, mehr als das „am Wege Liegende" zu denken und zu tun, und Karoline merkte den Zwang, den er sich ihr gegenüber antat.

Beulwitz hatte sich unterwegs für die „Weltenuhr" des Pfarrers Hahn interessiert, als man Echterdingen besuchte. Das mathematisch ausgeklügelte Getriebe, das einem mystischen Glauben seine Ursprünge verdankte, galt als eine Sensation, der Herzog Carl Eugen durch die Aufstellung in seinen Hohenheimer Anlagen seine Reverenz erwies — freilich in dem Bestreben, das Genie „seiner Schwaben" (unter seiner Regierung!) für fremde Besucher deutlich zu machen.

Die „Weltenuhr" sollte Tag und Stunde des Weltlaufs und -untergangs anzeigen, ein kompliziertes Getriebe, das der skurrilen, kulturträchtigen Anlage der Schwaben entsprang: dem technischen Genie und dem philosophischen Trieb. Und wie lang haben sie versucht, beides zu verbinden! Wie viele Irrwege, krumme Gäßlein und verschnörkelte Bahnen führten da unter ungeheuren Opfern und Mühen endlich doch in die Nähe einer weltverwandelnden Wahrheit!

Der Pfarrer, Mystiker und Pietist, dem — fast wie dem größeren Schwaben, Johannes Kepler — „die Ausforschung des göttlichen Willens und Wesens" seine mechanische Tüftelei befohlen hatte, erhungerte sich sein Theologiestudium in langen Jahren und zog sich dadurch wohl sein schweres Magenleiden zu, an dem er schließlich starb: ein tiefernster, wissender Frommer.

Unbekümmert reimte Schubart, so hörten die Damen, um Hahn mit einem Poem zu huldigen, wie er alles Erreichbare in seine dichterische Formung einbezog. Da hieß es dann:

„Komm und lasse dein Kornwesten,
Sag es auch den andern Gästen.
Engel, die Befehle bringen,
Rufen dich nach Echterdingen . . .“

Das war dem Geistlichen zugerufen, als er aus der Kornwestheimer Pfarre nach der besseren, Echterdingen über Stuttgart, beordert worden war.

Die Reisegesellschaft setzte ihre Fahrt fort:

In Vevey am Genfer See bezog man bestellte Quartiere, es gab alte Bekannte, frühere Lehrer der Mädchen, die Briefe und Grüße weitergaben, man fand erfreute und erstaunte Gesichter und auch bald willige Bereitschaft, den gesellschaftlichen Verkehr aufzunehmen und zu pflegen, den Madame sich als üblichen Rahmen für die erstrebte französische Konversation ausbedungen hatte. Es gab Ausflüge und Teenachmittage, Exkursionen und Abendkonzerte, und die Tochter des Landvogts Lentulus wurde Lottes Freundin.

Von Neuchâtel aus besuchte man auch Rousseaus Zimmer auf der Petersinsel, redete und stritt über seinen *„Contrat Social“* untereinander und war insgesamt in den Theorien viel extremer und unbedingter, als man es in der Praxis leiden mochte. Gelegentlich sorgte die Mama dann dafür, daß Lotte nicht nur beim Geplauder, dem sie meist nur zuhörte, Französisch lernte – es sollte ja ein klassisches, hoffähiges Idiom sein – man ließ den Monsieur Fauçonnier kommen, daß er mit Strenge und Eifer sein Wissen vermittle – und Lotte nahm das ohne großes Interesse hin.

Der Magister war ein ungewöhnlicher Mann, wie man sie in der Zeit der Auflösung aller bisher gültigen Begriffe jetzt manchmal fand, ein ehemaliger Jesuit, der den Orden um einer Frau willen verlassen hatte, verfemt zwar, aber wegen seiner Tüchtigkeit geduldet, auch ein angenehmer Unterhalter, wenn er sich und seiner Schülerin eine Pause gönnte.

Lotte fühlte sich der Mutter gegenüber beruhigter und dem opferbereiten Beulwitz weniger verpflichtet, der diesen Unterricht bezahlte.

Auch die *chère mère* sah ihren Zweck erreicht; nur Karoline war immer in Unruhe, ritt, ruderte, schwamm und wanderte, getrieben, in unpraktischen Kleidern und immer in Begleitung des treuherzigen Beulwitz, der auch ihre ausgefallensten Wünsche erfüllte.

Im Mai 1784 ging's auf die Rückreise. Reisen war Erleben, nicht nur „transportiert werden".

Lavater wurde wieder aufgesucht. In Speyer traf die kleine Gesellschaft Sophie von Laroche, die Frau des Kurtrierischen Kanzlers, die einmal Wielands Braut gewesen war. Sie gab eine Zeitschrift „Pomona" für „Teutschlands Töchter" heraus, die Karoline interessierte; sie bot ihr einige von ihren Essays für die „Pomona" an, die gerade viel gelesen wurde.

Beulwitz benutzte die Fahrt in den Süden zu einem Abstecher nach Lyon, aus welchen Gründen auch immer. Als er wieder zu der Gesellschaft gestoßen war, setzte man schon ein wenig müde zu viert die Reise fort.

Die Damen von Lengefeld hatten sich vorgenommen, in Mannheim den bereits berühmten Autor der „Räuber" kennenzulernen; den Anlaß boten die Grüße der Eltern, die man auf der Solitude besucht hatte, und die Beziehung zu Frau von Wolzogen.

Am 6. Juni 1784 wollte man bei dem „Theaterdichter" einkehren, dessen Name auch im thüringischen Weimar schon mit Achtung, mindestens mit Neugier genannt wurde.

Lotte und Karoline waren gespannt auf die Begegnung, hatten sie sich doch nach Karolines Weise romantisch-phantasievolle Vorstellungen von dem beflügelten Genius gemacht und waren enttäuscht, als sie den Erwarteten in seinem Quartier nicht antrafen; er war an die frische Luft gegangen, wohl um sich zu sammeln, seine Mattigkeiten, die ihn immer wieder anfielen, aufzufangen, sein beständig lauerndes, leichtes Fieber abzuschwächen.

Man gab also, wie gesellschaftsüblich, nur die Karten ab, zur Erleichterung der Mama, die sich von dieser Begegnung nicht allzuviel versprochen hatte, zumal es sich weder um einen vermögenden noch auch um einen standesgemäßen Herrn handelte, der für die Töchter als Partner in Frage gekommen wäre: jedenfalls für Lotte, denn für Karoline hatte man gesorgt — sie würde sich mit Beulwitz schon arrangieren.

Kurz nach dem vergeblichen Besuch kehrte Schiller zurück, fand die Karten und eilte, noch etwas „derangiert", wie Frau von Lengefeld fand, ins Hotel, da auf den Billetts etwas von seinen Eltern vermerkt war.

Den Herrn von Beulwitz kannte er nicht, auch die Lengefelds waren ihm nur dem Hörensagen nach bekannt; er traf sie im Aufbruch, zwischen Hutschachteln und hingeworfenen Schals, die Mama verlegen ob der Unordnung, die Töchter in den bereits aufgesetzten Kapotten und bemüht, die langen Handschuhe zur Begrüßung abzustreifen.

Schiller verbeugte sich, erst vor der Mama, dann, etwas flüchtiger, vor jeder der Töchter, wobei er die ernste Charlotte für die Ältere hielt, unerfahren wie er in diesen Dingen war.

Karoline strahlte, zeigte weiße kleine Zähne und deutete einen übertriebenen Knicks an.

Da man sichtlich an die Abfahrt mehr dachte als an den Besucher, tauschte man schnell die nötigen Floskeln aus, bestellte die Grüße der Seinen — es gehe ihnen recht gut, auch Christophine sei dagewesen — Lotte lächelte, ihr fiel das hellblaue „Jäckelchen" ein, von dem sich

Christophine ein Muster abgenommen hatte — die Mama fragte höflich nach den weiteren Plänen und zeigte sich leidlich über das bisherige Werk Schillers unterrichtet.

Lotte fand den Mann mit der verrutschten Halsbinde und dem leicht zerzausten rötlichen Haarschopf nicht sonderlich adrett, aber seine große hagere Gestalt — als er, bald genug, aufstand — irgendwie eindrucksvoll; sie hatte das Gefühl von etwas Unbedingtem, Kristallenem, das von ihm ausginge, und sah über den ausgeprägten Jochbögen der schmalen Wangen ein unverhofftes Aufblitzen der grauen Augen, irisierend, ins Blaue überspringend.

Beulwitz benahm sich korrekt, streifte aber den braunen Frack des Mannes mit einem abschätzigen Blick, ein Knopf fehlte sogar, die Schnallenschuhe waren staubig.

Schiller verabschiedete sich mit Dankesbezeigungen und Verneigung, und die Mama überließ ihm ihre Hand zum Kuß.

Auf der Heimreise besprachen die Mädchen den Eindruck — allzu sanft, nichts Wildes, Brausendes oder Hinreißendes, ein freundlich-schüchterner Mensch mit sonderbarem Dialekt, den er freilich zu verdecken suchte!

Und die Formen, die so wichtigen, tadelte die *chère mère*, wären ihm auch nicht eben angeboren, eher kämen sie als verlegene und unbeholfene Übungen zum Vorschein, wenn er sich Mühe gab — und doch hatte der Mensch ein schroffes Selbstgefühl, das er aus seiner Dichtung beziehen mochte . . . Madame von Lengefeld hatte das zähneblitzende Lächeln ihrer Ältesten bemerkt; sie hatte auch Beulwitzens vergebliches Bemühen erkannt, Karoline verständnisvoll zuzunicken, in gemeinsamer Kritik, um wenigstens so ein Einverständnis herzustellen.

Es wurde Zeit, ihr wildes Füllen an die Kandare zu nehmen, die früh Erblühte irgendwo zu verankern, nein, nicht irgendwo natürlich, nur da, wo es die geschickte Mama für tunlich und zweckmäßig hielt, und nicht etwa mit einer so unsicheren Fessel, wie sie ein Poet bieten mochte.

Im September 1784 wurde die Trauung mit Beulwitz vollzogen; *chère mère* wohnte ihr mit einem – so schien es Karoline – beinah triumphierenden Lächeln bei; sie prunkte, in eine enge Korsage gezwängt, in dunkelrotem Samt, und Friedrich von Beulwitz machte bei der Zeremonie eine würdige Figur.

Schließlich hatte auch die *chère mère*, „als der erste Glanz verblichen war" (so blumig hatte es Frau von Lengefeld ausgedrückt), da es also fader und grauer in ihrer Ehe wurde, ausgehalten, zumal als sich die Lähmung des Mannes zeigte, die schwere Hinderung in seinen Berufsgeschäften.

Karoline redete sich ein, sie würde sich zu helfen wissen, so oder so. Jedenfalls wollte sie durch keine verfrühte Schwangerschaft überrascht werden.

Man wohnte nicht weit voneinander, Lotte und die Mutter hatten ihr Haus fast neben dem Beulwitzschen, so daß sich ein häufiges Hin und Her zwischen den beiden Wohnungen ergab, vor allem zwischen den Schwestern, weil die Mutter jedes Alleinsein mit Karoline vermied, um keine Klagen zu hören.

Lotte übernahm, gutherzig wie sie war, treulich die Rolle der Trösterin, redete zum Guten, wie sie es verstand, und versuchte, die poetischen Neigungen der Schwester zu stärken.

Aber das nutzte nicht viel, im Gegenteil: Karoline geriet nach solchen vertraulichen Aussprachen mit Lotte immer mehr in eine bedrückte Resignation, sie redete von Selbstmord, auch wenn ihr das vielleicht nicht ganz ernst war, sie saß stundenlang untätig mit traurigen Augen am Fenster, und Beulwitz, der sie immer noch ganz zu gewinnen hoffte, suchte eifrig nach neuen Geschenken, die ihm Karoline näherbringen könnten.

Frau von Stein spürte die bedrückende Atmosphäre, wenn sie die Lengefelds besuchte, spürte auch die

Apathie der armen Karoline, sobald Beulwitz in der Nähe war. Und Lotte, wie eine sich langsam entwickelnde, lang verschlossene Knospe, schien ihr gehemmt von der Schwermut der Schwester, die sie ja liebte und der sie doch nicht helfen konnte.

Vielleicht war es auch ein stilles Einvernehmen zwischen der *chère mère* und der „Tante Stein", das dazu führte, Lotte aus diesem bedrückenden Dunstkreis herauszuholen und ins Steinsche Haus zu verpflanzen.

Frau von Stein führte die „Kleine" in die Gesellschaft ein, nahm sie mit auf Hofbälle, und der Winter 1785 wurde für die eben noch kindliche Lotte zu einer Kette von blitzenden Festen und vergnüglichen Begegnungen, denen sie freilich keine große Bedeutung zuschrieb.

Es gab Spielabende und Laientheater, und wenn das Eis fest genug war, Schlittenpartien, keine gefährlichen wohl, denn die Damen wurden pelzvermummt in breiten, gepolsterten Gefährten von den Kavalieren übers Eis geführt.

Auch Goethe zeigte sich auf der blitzklaren Fläche, und ein paarmal schob er auch Lottes Schlitten, was gebührend bemerkt wurde.

Denn solche Auftritte galten dem Gesehenwerden, dem Kennenlernen, der harmlos-lustigen Geselligkeit, und Goethe, damals noch nicht fünfzigjährig, schwang sich gern mit jugendlicher Eleganz durch die Reihen. Vielleicht ging es aber dabei doch ein wenig geheimrätlicher zu als damals in seinen Studententagen in Leipzig oder gar in Frankfurt, als ihn die verliebte Mutter im wehenden Mantel, mit gekreuzten Armen dahinfliegend, strahlend bewunderte.

Freilich, auch hier war er der Mittelpunkt der Gruppe, wohin er sich auch wandte, selbst wenn in seinen Werken noch nicht jeder Sinn und Wichtigkeit erkennen konnte.

Im Kreis der Frau von Stein und der Lengefelds las man viel, alles Neue und Neuerschienene war wichtig, es wurde an Teenachmittagen diskutiert, Altes und

Neues verglichen und kritisch abgewogen, Sprache und Aussage abgetastet und beurteilt. Dafür waren die langen Winterabende mit den flackernden Kerzen gut.

Friedrich Schiller

2. Kapitel Schiller

Anfang Dezember 1787 lag die Neue Gasse zu Rudolstadt still im Schnee, und wo jemand sich bemüht hatte, den Weg freizumachen, wehten die Flocken alle Besenspuren bald wieder zu.

Die Frauen saßen um einen wärmenden Kamin, im Zimmer war es schon dämmrig, man las bei Kerzenlicht und strickte, man langweilte sich auch ein bißchen, und als es am Haustor läutete, schickte Frau von Lengefeld das Mädchen zur Treppe.

Drunten hörten die neugierig gewordenen Damen ein Stampfen und Trampeln, irgend jemand – und sicher keine zarten Damen – stieß sich den Schnee von den Füßen, während draußen ein paar Pferde wieherten.

Lotte, am Fenster, erkannte zwei in Mäntel vermummte Gestalten, am Haus zwei angebundene Pferde, Schnee auf Kruppe und Sattelrand, und hörte dann die Männer die Treppe heraufhasten.

Einer blieb wartend vor der Tür, der andere, den verschneiten Mantelkragen abschüttelnd, auf der Schwelle, noch immer mit verhülltem Gesicht.

Man lachte, man fragte, und der junge Mann faltete endlich Kragen und Halsbinde auseinander und lachte mit.

„Wilhelm!" rief Karoline als erste, und der junge Wolzogen beugte sich über die Hand der *chère mère*.

Er sei aber nicht allein, sagte er dann, draußen stehe ein Freund, den man schon flüchtig kenne, und ob auch er hereinkommen dürfe?

Der andere, lang, hager, den Mantel im Arm, das rötliche Haar schneenaß trotz des Hutes, den er in der Hand hielt, kam durch die Tür und verbeugte sich.

Sie kannten ihn. *Chère mère* reichte ihm die Rechte zum Kuß, Lotte und Karoline rückten die Stühle, man bat, Platz zu nehmen.

Friedrich Schiller erinnerte an die erste kurze Begegnung, stellte sich noch einmal vor und entschuldigte sich gleich wegen seiner Reitkleidung und mangelnden „Contenance", den nassen Handschuhen, dem verbeulten feuchten Hut.

Lotte lächelte ihn an, so besinnlich-wehmütig ihr noch eben zumute gewesen war; nicht, weil er ihr besonders gefiel — denn kritischer als damals musterte sie ihn jetzt: ein gescheites blasses Gesicht mit einer übergroßen, wölbigen, freien Stirn, ein magerer Hals, schmale Schultern, die mächtige scharfe Nase ein bißchen gerötet . . . und der Anzug nicht ganz *à la mode*.

Wilhelm war gleich ganz in Karolines Bann, er suchte ihren Blick und ließ, kaum daß er sie gefaßt hatte, ihre Hand nicht mehr los, neigte den Kopf darüber und streifte sie mit seiner Wange. Er wirkte kurzhalsig, mit derbem Profil.

Aber Karoline sah plötzlich verändert aus, strahlend und leuchtend wie von innen, bewegt und beweglich, graziös und anmutig, da sie sonst stumpf und wie gefesselt vor sich hingebrütet hatte. Beulwitz war auf Reisen.

Und *chère mère* zwischen den beiden Paaren, ängstlich bemüht, höflich zu sein, bekümmert und beinahe sichtbar verärgert über dieses unverhohlene Einvernehmen Wolzogens mit Karoline.

Lotte, noch ein wenig in der Pose der Traurig-sehnsuchtsvollen, die sie seit Herons Abschied unbewußt angenommen hatte, empfand neben Schiller so etwas wie eine Befreiung, eine Lösung, eine seltsame Klärung beim Aufblick seiner hellen graublauen Augen.

Sie sah unvermutet das Bild ihrer ersten Bergwanderung vor sich — die Damen ritten dabei, von einem einheimischen Führer geleitet, auf berggewohnten Eseln – und sie empfand wieder das Gefühl der Überschau und Weitsicht, der alles talwärts gerichtete Grübeln unwichtig geworden ist.

In der Folgezeit hörte sie jetzt oft von Schiller – wenn nicht durch ihn selber, so durch andere, sie fragte nach ihm, hielt ihn sich gegenwärtig. Er war im Sommer von Dresden, wo er nahe dem Freund Körner, dem Konsistorialrat und Juristen, gewohnt hatte, nach Weimar gekommen, siedelte hin und her und herum, wie er es auch später mit seiner geduldigen Lotte trieb – immer in der Hoffnung, sich in einer anderen Umgebung wohler zu fühlen.

In Weimar lebte er ziemlich zurückgezogen, arbeitete am „Abfall der Vereinigten Niederlande“, einer historischen Untersuchung, die gut bezahlt zu werden versprach, einer „Lohnarbeit“, die ihn freilich immer mehr fesselte. „Manchen Klub versäume ich, die Komödie besuche ich selten, und in den Häusern gehe ich vollends zu niemand“, schrieb er.

Mag sein, daß er sich, in der Erinnerung an seine Bindung an die unrastige Frau von Kalb, in einer Art von Berührungsangst zurückhielt: Er hatte sie in Weimar wiedergetroffen – sie hatte sich irgendwie zu ihren Ungunsten verändert, ihre hysterischen Züge schienen verstärkt, peinliche Bedrückungen waren an die Stelle eines leidenschaftlichen Umgangs getreten, nachdem Schillers Traum, eine Vorstellung, die damals überall in der Luft lag, sich zerschlagen hatte: Eine Bindung zu Dreien, die eine Art Seelenbund sein sollte, während der – ungeliebte – Ehemann für die äußere Versorgung und allenfalls körperliche Beziehung geduldet wurde. – Die gescheite Rahel Varnhagen-Levin sprach von einer „Religion der Liebe“, die mit der Ehe nicht konform ginge und gehen könne.

Schiller hatte sich damals rührend um Charlotte von Kalb gekümmert, sie versorgt und umsorgt, als sie Kalbs Kind erwartete und gebar, den Arzt geholt, am

Bett gesessen, eine Art der Betreuung, die Herr von Kalb erleichtert duldete.

All das war jetzt, wo seine innere Beziehung zu ihr sich gelockert hatte, eine eher bedrängende Erinnerung, der er gern auswich.

Gerade in diesem Winter fiel ein Schatten über die Familie: Frau von Lengefeld hatte fest auf eine Erbschaft gerechnet, als sie erfuhr, daß ihr Bruder, den sie jahrzehntelang nicht gesehen hatte, in der niederländischen Kolonie Batavia gestorben war. Aber nach Abzug aller Verpflichtungen und Legate blieb nur wenig von dem bescheidenen Vermögen, und die Mutter war deshalb eifriger als je bemüht, Karoline bei ihrem angetrauten Mann zu halten und ihr alle Scheidungspläne auszureden.

Hausarzt und Mutter berieten zusammen den Gedanken an eine Kur, die Karolines Melancholie aufhellen und sie dem unglücklichen Beulwitz näherbringen sollte: wieder eine Reise, die er finanzieren würde.

Der Arzt empfahl Karlsbad, wohin die Weimarer Gesellschaft regelmäßig fuhr und wo auch Goethe „die Kur brauchte".

Die Damen reisten also im Frühsommer, zumal die Mama ihrerseits eine Kränklichkeit betonte, Karoline immer regloser vor sich hindämmerte und Lotte, aufgeschlossen und fröhlich, gerne mitreiste.

Man richtete sich auf einen längeren Aufenthalt ein, und es ergab sich, daß sie den von Weimar und Jena her bekannten Major Knebel, einen dichtenden Schöngeist und einstigen Prinzenerzieher, dort trafen, der auch nach der Heimkehr, da er nicht weit vom Steinschen Haus wohnte, die Bekanntschaft eifrig vertiefte.

Bei Lese- und Teenachmittagen oder kleinen Abendunterhaltungen im intimen Kreis war er manchmal zugegen, und je länger er mit der Familie Lengefeld bekannt war, desto häufiger suchte er sie auf, bis es schließlich nicht nur der auf derlei gespannten Mama, sondern sogar der apathischen Karoline auffiel, daß der gesetzte Herr sich in Lotte verliebt hatte. Er dichtete für sie:

„Lehrreich wie die Nachtigall,
Wie das Turteltäubchen sittsam,
Und an süßen Artigkeiten
Gleich des Waldes schönen Sängern,
Die den Tau des Morgens treten,
Und auf Ästen schwankend schweben,
So geht dort die Schäferin
Und verdunkelt neben sich
Den Kristall der reinen Quelle."

Als man sie darauf ansprach, lachte sie – Knebel war für die kaum Zwanzigjährige ein alter Mann. Die Mutter allerdings hätte auch diesen Freier ihrer jüngeren Tochter nicht ungern gesehen, da er reich war und ein solider Partner zu werden versprach.

Aber trotz seiner Verdienste um die musische Glorie der Stadt imponierte er Lotte wenig, und da sie die Tragödie ihrer Schwester täglich vor Augen hatte, tat sie alles, um ohne offene Auseinandersetzung über das Thema mit der *chère mère* auszukommen.

Im Februar 1788 wird auch in Weimar der Karneval gefeiert, und Lotte muß auf Betreiben der Mutter mitten drin sein.

Sie wohnt bei der Schwester der Frau von Stein, im Imhoffschen Haus. Das alte Geschlecht, berühmt seit den Zeiten der Malerin Sibylla Merian, hat etwas Anheimelndes für Lotte, scheint ihr bergender als sonst ein Adelssalon.

Die Mama hat die Tochter einen Moment alleingelassen, zum Glück allein. Lotte ist wie ein eben ausgeschlüpfter Schmetterling, begierig nach Licht, aber seiner selbst noch nicht ganz sicher, sie hält sich in einer Ecke neben anderen jungen Damen, schaut ängstlich auf die Toiletten, die farbigen Tournuren, die glitzernden Seidenschuhe.

Angst ist ihr auch um das eigene Aussehen, das zusammengeschusterte Seidenfähnchen, das die Mama selber mit Rüschen verziert hat, viel zu vielen, meint

Lotte, und viel zu bunten, und die kleine schwarze Larve, die hier vor Mitternacht zur Ordnung gehört, deckt halbwegs ihre Augen und die hellroten Backenknochen, an denen die weißgepuderten Locken kleben.

Die Schäferin, kein allzu originelles Kostüm, hat Karoline ihr angeraten, da alles dafür schon im Schrank der Mama bereitlag und nur ein bißchen aufgeputzt werden mußte.

Es wird getanzt, Ländler und Française, auch neue Tänze, und an der heißen Hand eines jungen Offiziers trippelt und schleift sie, wie es die Musik oder der Tanzmeister anordnen, schaut sich um, sieht ein paar bekannte Gesichter, aber keins, zu dem sie hinstreben möchte, keins, zu dem sie gehört.

Ein alter Sultan ist da, mit Turban und Bauchschärpe und Säbel, und will sie zum Tanz holen. Sie dreht sich weg, aber jemand tuschelt ihr zu, es könnte der Herzog persönlich sein, und sie versteckt sich schnell hinter einem Vorhang.

Eine Schleife hat sich gelöst, sie steckt und nestelt an ihrem hellblauen Mieder herum, schaut gar nicht auf, als ein Schatten vor die Kerzen fällt: Da steht eine lange Gestalt im grünen Hofrock mit Tressen und schiebt ihr die heruntergefallene Schleife zu, ohne ihre Hand zu berühren, nur ganz beiläufig, wie zufällig, auf dem breiten Marmorsims.

„Oh, danke!“ sagt sie verlegen.

Der Mann zieht eine schwere Falte des Vorhanges zwischen sie und sich, deckt halb sein Gesicht damit zu, lächelt und taucht zugleich in den Schatten.

Einen Augenblick ist Lotte völlig verwirrt: Verhüllt und schwarz – ist das nicht Heron, ihr schottischer Captain?

Sie hebt, leichtsinnig nah, den Kerzenleuchter in die Höhe, vor den Portierenspalt, vorbei! Das ist das ganz andere Gesicht, das lange schmale, unter der edlen Nase, und über den mageren Wangen schnell zugedrückte geblendete Augen.

Dieser, größer und plötzlich näher und drängender als der verblaßte Schatten aus der Vergangenheit, von ihr erkannt und zu sich hergeholt, öffnet die Augen mit einem blaugrauen Blitzen, wirft den Vorhang zurück und nimmt ihr den Kandelaber aus der Hand: „Lotte von Lengefeld!" sagt er, und sie antwortet: „Schiller!"

Dann stehen sie dicht nebeneinander, er faßt sie zum Tanz, ein bißchen ungeschickt ist er, aber das Jungenhafte, ganz Offene in seinem Wesen spürt sie jetzt mit dem ihr „zufliegenden Gefühl", und während sie sich drehen, als wären sie Luftgeister, hat sich der halbentfaltete Schmetterling, das scheue, im romantischen Sehnsuchtstraum gefangene Geschöpf, die kindliche Lotte, ganz entfaltet und aufgetan.

Später ist Schiller oft Gast bei den Lesezirkeln, im Hause Stein auch, wo man über Goethe redet, über sein „unerfreuliches Liebchen", von dem Lotte nur Ungutes hört, ohne doch ein Mitleiden mit der verächtlich genannten „Mamsell" zu unterdrücken. Sie kann den Meister, in dessen Glanz man sich ringsum spiegeln möchte, nicht ganz entschuldigen: Wie unwürdig war Christianes Lage, wie heimlich mußte sie sich halten, während sich der Meister am Hof bewundern ließ!

Ist sie denn schuldig geworden? Ist sie nicht eher etwas wie ein wehrloses Opfertier, in seinem Schatten, versteckt und verleugnet?

Man redet höhnisch von ihr, Lotte versteht ihre kindliche Hingabe ein wenig, aber nicht ganz. Ihre Art wäre es nicht, aber die Wärme, die sie doch sichtlich für den großen Mann bereithält, scheint ihr rührend.

Seit wann denkt sie so, ganz außerhalb der Sphäre der Mama, ganz weit weg von den geheiligten Bräuchen und kirchlichen Gesetzen?

Es ist da irgend etwas in ihr am Schmelzen, aufgelöste Starre, warmes Mitfühlen von einer Frau zur anderen, mag auch Schiller, wenn das Gerede daran tastet, sich steif und konventionell geben, verschlossen, als habe er nie Charlotte von Kalb mit ihrem Gatten teilen wollen . . .

Man sprach gelegentlich über den „Don Carlos".

Lotte sagte: „Posa muß sich opfern, um den Freund zu retten, von dem er hofft, daß *er* die Idee rette, um die es allein geht.

Carlos, der junge, auch für die Riesenaufgabe der Regentschaft zu junge, der ‚Jüngling', sieht den geliebten verehrten Freund für sich sterben, dessen Opfer er nicht annehmen kann, ohne sich zu verlieren. Und in seiner Verletztheit schreit er dem König, dem Vater, seine krasse Verachtung ins Gesicht: Mensch, Gefühl, Reinheit gegenüber dem Kalkül, ein Rebell gegen die ‚alten Mächte': ein Bruder der Antigone!"

Der lapidare Schluß, meinte die nachdenkliche Karoline, enthalte doch die ganze Skepsis und alle Hoffnungslosigkeit der Ausgelieferten, und ausgeliefert, ein menschliches Wrack, sei jetzt auch der König —: „Kardinal, ich habe das Meinige getan . . . Tun Sie das Ihre."

Man diskutierte darüber, ergriffen und immer neue Gedanken aufspürend, immer neue Linien, bis Schiller, in Feuer geraten, seine großartigen Verse zerlegend, skandierte. Und dabei — Satyrspiel nach der Tragödie — geriet er ins Schwäbische, so daß ihn die Mama kaum noch verstand.

Lotte dolmetschte, und er entschuldigte sich: In der Erregung passiere es ihm mitunter, daß ihn das heimatliche Idiom „übermanne" . . . Sogar in Gedichten habe er das erst später entdeckt, etwa, daß er „Miene" mit „Bühne" zusammengereimt habe . . . im Schwäbischen heiße das „Mähne" und „Bähne" — Aber sogar dem Goethe sei das geschehen — ‚ach, neiche/ du Schmerzensreiche . . .', ob das nicht Frankfurterisch sei? Und dann zitierte er sich selber — Humor, der über sich selbst lacht: „Brich die Blume in der schönsten Schöne/ Lösch, o Jüngling mit der Trauermiene/ Meine Fackel weinend aus./ Wie der Vorhang an der Trauerbühne/ Niederrauschet bei der schönsten Szene/ Fliehn die Schatten und noch schweigend horcht das Haus . . ." — Freilich, unmöglich! — aber damals sei er so betroffen gewesen vom Tod eines Nahbekannten, des Bruders seines Freundes Hoven, den er als Regimentsmedikus behandelt habe und nicht hätte retten können . . .

„Hat nicht Hoven, der ein so guter Arzt ist, Sie selber auch schon mediziniert?“ fragte Lotte dazwischen, sah aber am Gesicht der Mutter etwas wie Angst und Unbehagen, da dieser ein kränklicher Mann denkbar zuwider war — lang genug hatte sie die Schwächen ihres Gatten tragen helfen.

Schiller spürte sofort ihre leichte Abneigung, fühlte die alte Bedrückung des nicht ganz Robusten, die ihn seit der Kinderzeit plagte, und sagte schnell, es gehe ihm doch gut, und wenn er erst ein bißchen vernünftiger leben könne, nicht immer gehetzt von seinen Arbeiten, von Verlegern und Entwürfen, würde er vollends genesen.

„Warum lassen Sie sich denn hetzen, Herr Schiller?“, fragte die Mama, weil sie wohl annahm, es sei die blanke Geldnot, die ihn trieb, und begierig war, das unauffällig zu erfahren.

Lotte merkte auf einmal, unverhofft, daß Schiller sich hier doch irgendwie fremd fühlen mußte, nicht, wie die Mutter meinte, weil er nicht in ihre adlige Welt gehörte, sondern weil er aus einer gesättigten, kreativen, ganz schwäbisch gemütswarmen Atmosphäre stammte, die Raum genug hatte für den weiten geistigen Atem.

Vielleicht hatte Lotte, vielleicht auch die sensible Karoline, diese Wärme bei seinen Eltern gespürt, in einem ganz kleinen Ausschnitt und Zirkel, der sie dennoch enthielt und ausstrahlen konnte.

Freilich, aus diesem „Nährboden“ war sein Wesen steil herausgewachsen wie ein kristallener Wasserstrahl, ja sogar weit darüber hinaus, aber doch darin gegründet und entsprungen.

Bildung, eine weitgeschichtete fundierte Bildung hatte man hier im Umkreis Goethes, in den angeregten und kenntnisreichen Zirkeln Weimars, und es war schön und wohltuend für ihn, seinen ordnenden, gliedernden

Verstand da zu üben, beschwingt auch durch die anmutigen und vielleicht manchmal allzu „gefühligen" Reaktionen der Frauen, denen er gelegentlich mit ein paar lustigen Einschüben gefiel.

Lotte sagte wenig und dann nur leise, aber was sie sagte, war wohlüberlegt und erstaunlich einfühlsam.

Und Karoline geriet bei den Gesprächen der drei in ein sprühendes, sprudelndes Gefälle der Gedanken und sah dann blitzend lebendig aus, gestikulierte lebhaft und lachte perlend, nicht immer ganz unbewußt und natürlich, sich der Wirkung auf diesen jungen einsamen Menschen durchaus bewußt.

Es ergab sich ein Hin und Her zwischen ihr und dem Dichter, ein Ballspiel der Einfälle und Behauptungen, Widersprüche, gegen die man sich wehrte, provozierend vorgebrachte Formulierungen, die von Karoline oft schärfer und extremer gefaßt wurden, als sie zuerst gedacht waren — um so herausfordernder und verlockender für eine Entgegnung, um so reizvoller für Schiller, der seine eigene Ansicht dann klarer ausdrücken und logisch schärfer präzisieren konnte als sonst in Damenzirkeln: Ein neues Spiel für ihn, ein Kräftemessen zwischen zwei Partnern, mindestens soweit Schiller, nach der Sentenz des Herzogs Carl Eugen aus der Carlsschulzeit, „sein Feuer dämpfte": Ein geistiges Feuer freilich, aber Karoline suchte durchaus neben oder unter dem geistigen Widerhall auch den des Gefühls, und der emotionale Beiklang wurde, je länger je mehr, der stärkere.

Das spiegelte sich in Briefen, die in kurzen Abständen ausgetauscht wurden, und daneben stand der gerade noch geduldete Beulwitz, der sich, in anderer Weise als die Mama, hintangestellt fühlen mußte.

Karoline empfand, vielleicht gar nicht bewußt, das Entwürdigende, an einen reichen Gatten verkauft worden zu sein, und rächte sich an dem eigentlich unschuldigen Objekt, dem Mann, der selbst ein Opfer gebracht hatte.

Schiller, der Unerfahrene, nahm ihre aufreizende Koketterie gern an, ließ sich von der lebhaften, manchmal pikanten Gesprächsführung der „Dame Beulwitz" bezaubern und glaubte fest daran, daß alles, was da an blitzendem Feuerwerk abgebrannt wurde, seinem Geist, seiner Vernunft, seiner poetischen Bedeutung gelte.

Lottes gerade, eingleisige Wesensart war nüchterner und tiefer zugleich, und wo ein Strom von großem Gefühl sie erfaßte, war es ein für allemal und unerbittlich. Sie nahm hin, was Schiller an beide schrieb, die ihm als Einheit erschienen:

Schiller an Karoline und Lotte:

„O meine theure Caroline, meine theure Lotte! Wie so anders ist alles um mich her, seitdem mir auf jedem Schritte meines Lebens nur Euer Bild begegnet! Wie eine Glorie schwebt Euer Bild um mich, wie ein schöner Duft hat sie mir die ganze Natur überkleidet!"

Oder am 30. November:

„Ich werde Euch sehen — wäre es auch nur auf Minuten — ich werde sie an Eurem Herzen durchleben! Mit Euch — o wie hab' ich diese süße Wirklichkeit so nötig, Eure liebe himmlische Gegenwart, Engel meines Lebens, meine einzige Glückseligkeit!"

Oder am 23. Januar:

„Ich umarme Euch, meine Theuersten. Bei Euch ist meine Seele. Ach, sie ist es mehr, als sie oft sollte. Lebt wohl!"

Er schwärmt, er vergißt jede Wirklichkeit, es ist die rauschhafte Hingerissenheit eines jungen Genies, das sich endlich voll angenommen und auch als Mensch ganz bestätigt und geliebt fühlt.

Die in seiner Zeit so seltsam ineinanderdringende, kaum mehr trennbare Einheit von Sinnlichkeit und Geistigkeit will und kann er nicht auseinanderhalten.

Inmitten turbulenter Stimmungsumschwünge warfen ihn fiebrige Anfälle ins Bett, Husten und Brustbeklemmung plagten ihn und hemmten alle Aufschwünge und Einfälle. Die Freunde sahen das mit Sorge, und er selbst wußte im Grunde, was ihm fehlte: eine gemäßigte, vernünftige Lebensweise, ohne aufputschende Mittel und Anreize.

Vernünftiger leben . . . das fiel ihm schwer, und Goethe, der vom Taktschlag dieser „genialischen Arbeitsweise" wußte, machte sich darüber lustig — ihm lag das nicht, Unordnung, Unregelmäßigkeit — kein „rechter Rhythmus" eben.

Goethe, zu dem Schiller hinstrebte und aufsah, hatte das Gefühl für organisches Leben und ausgewogenen Kräfteeinsatz. Er lebte aus der Sicherheit der Fülle, der unendlichen Quellen seiner Kreativität und fürchtete kein Versiegen seiner Kräfte.

Schiller, im Mangel aufgewachsen, von der Angst vor immer möglichen Krisen seiner labilen Gesundheit geschüttelt, gejagt vom drohenden Versagen seines Körpers — Schiller arbeitete stoßweise und mit krampfhafter Konzentration und erreichte sporadische, aber dafür intensivste Höhepunkte. Er gab sich ganz aus, verzehrte sich ganz und erschlaffte dann, wenn ihn kein „fiebrischer Affekt" mehr hochpeitschte, bis zur todnahen Schwäche.

Das trieb ihn zu einer — wie Goethe fand — ungesunden Lebensweise, zu allerlei Antriebsmitteln, Kaffee und Wein und starkem Tabak, unregelmäßigem Essen, und sein zarter, sensibler Organismus rächte sich und warf ihn immer wieder nieder. Seit den Entbehrungen seiner Flucht nach Mannheim, die ihm der treue Freund Streicher begleitend erleichtert hatte, litt er an den Folgen einer verschleppten „Kruppschen Lungenentzündung", einer tuberkulösen Pneumonie.

Im Lengefeldschen Kreis verbarg er seine Schwächen, so gut es ging.

Da packte ihn oft eine hektische Heiterkeit, ein leichter, blitzender Humor sogar, und er riß die Gesellschaft durch unverhoffte Einfälle und geistreiche Aperçus mit in den Strom.

Mehr als „gutwillig“ nahm Lotte seine Vorstellungen auf. Sie sah den Glanz in den schönen Augen des schmalen Gesichts, die jähe Röte der Wangen, die sie für Jugendfeuer hielt, und verstand, ohne es noch klar zu denken, welch weitgeschwungener Bogen zwischen Erde und Himmel da geschlagen wurde.

Ein wenig Abwendung von der *chère mère* und ihren Ansichten verstärkte das Gefühl, sich eigenständig aus der übermächtigen Konvention retten zu müssen, und ohne es in Worte zu fassen, fragte sich Lotte hie und da, ob dieser Schiller etwas gutgeheißen hätte, was man von ihr verlangte.

Noch war ihr manches fremd an ihm, vieles sogar, zu kurz war die Berührung, der Austausch, das Eindringen in diese doch so andere Wesensart des Dichters.

Etwas von der Weltflucht – und Weltfremdheit – des schwäbischen Pietismus, von der Schüchternheit des „Untertanen“, der er mit genialischem Aufschwung entgegentrat, war ihm haften geblieben, mindestens als Druck und Drang, gegen den er sich wehren mußte.

Gelassenheit war ihm, das fühlte sie, fremd in jener Lage, und die kluge Karoline spürte das vielleicht noch stärker als Lotte. Nur konnten oder wollten es beide nicht aussprechen. Sie scheuten davor zurück, sich andere als begeisterte Urteile einzugestehen, da sie sich beide in der Front gegenüber der Mama zusammenfanden.

Die *chère mère* nahm die wachsende Vertrautheit ihrer Töchter mit dem häufigen Gast oder Begleiter ungern an. Sie hätte andere, unproblematische Verbindungen lieber gehabt, andere Bewerber als diese von einem tragischen Schatten angehauchte, von vielerlei Nöten und Ungemach gezeichnete Gestalt. Schiller war nicht, wie etwa Goethe, der Maßstab weiblicher Ideale, ein „schöner“ Mann, nicht einmal ein „stattlicher“, auch kein eleganter – dazu fehlte ihm das Geld –, und „charmant“ wirkte er erst in einem Umkreis, wo er seinen Geist entzündet fühlte, und auch da war seine Lebendigkeit nicht stetig, nicht sicher oder gesichert.

Die Mama war besorgt, aber sie war diszipliniert genug, die immer engeren Verflechtungen der Töchter nicht zu beachten oder doch so positiv wie möglich zu sehen. Und wie Fremde über den feurig engagierten Freund dachten, das überhörte sie bewußt.

Was sich äußerlich tat, waren Umzüge und Reisen, die Schiller von Volkstädt nach Rudolstadt führten und wieder zurück, und die Lengefelds in vielerlei Sphären und Atmosphären einführten und eintauchten, die sie meist genossen: Zusammenkünfte in festlichem Rahmen, kleine intime Kreise mit ausgeprägtem Charakter. Aber der in seinen abgezirkelten Formen eingeschnürte Hofstaat und die großen Ideen des Freundes widersprachen sich. Nicht nur die seinen, die Gedanken vieler Gebildeter, die sich nicht mehr verwischen ließen, da sie mächtig und blutig in Paris aufgekommen waren, Ideen, deren Auswirkungen erst noch bevorstanden.

Schiller erfaßte sie. Vielleicht spürten nur wenige, was für ein Feuersturz, welch ungeheure Weite des Intellekts, welche Kraft eines Genies sich da ausdrückte, wenn Schiller aus seiner spröden Schale aufgefaltet, aus der Vereinzelung sich ausbreitete.

Karoline empfand sein Wesen und antwortete mit ihrer schwächeren Spiegelung, aber doch so, daß Schiller diesen matter glimmenden Funken wahrnahm und dankbar fühlte.

Lotte, die in sich geschlossener reagierte, öffnete sich schwerer; sie, deren Wesen eher wie ein starker, breiter Strom den immer gewaltigeren Ansturm des fremden, übermächtigen Geistes spiegelte, antwortete nicht mit sprühenden Wasserperlen (um das Bild des bewegten Elements fortzusetzen), wie es Karoline tat, die auf jeden, der sie kennenlernte, zuerst auffälliger, anziehender, interessanter wirkte.

Es scheint, daß auch die körperliche Anziehung eher von der erfahrenen Karoline ausging, die kaum Hemmungen hatte, und in der Enttäuschung über das

Verhalten des ihr aufgezwungenen Beulwitz – einfach Nähe suchte.

Beulwitz hatte sich, ähnlich wie Herr von Stein, mit seinem Schicksal abgefunden, es scheint, daß er zu seiner Frau aufsah und sich mit ihrer Duldung zufriedengab.

Die Debatten der Teezirkel, Schillers „Geistreicheleien", wie Beulwitz es nannte, nahm er nicht ernst. Er hatte davon gehört, daß auch Schiller eine eheähnliche Verbindung eingegangen wäre, die so weit reiche, daß er dem Herrn von Kalb eine Ehe *à trois* vorgeschlagen habe. Freilich sei es nie dazu gekommen, und Kalb hätte wohl seine Frau wiedergewonnen, die exaltierte Szenen gemacht und auch Schiller gegenüber unwahrhaftig und intrigant aufgetreten sei.

Vielleicht war diese Lösung für Schiller, der das zermürbende Spiel mit Charlotte von Kalb als unwürdig empfand, sogar eine Befreiung. Er hatte andere Maßstäbe gewonnen.

Er sucht also die solide Bürgerexistenz, arbeitet wie ein Getriebener, nicht nur unter dem Zwang der Geldnot, zum Glück, auch weil ihn ein Thema, das er einmal angeschlagen hat, fesselt wie Sucht und Fieber und nicht mehr losläßt: Der Historiker erfaßt die vorgegebenen Stoffe als Dramenvorwurf, der Dramatiker unterbaut seine Entwürfe durch die sorgsamen Studien des Historikers.

Er liest mit schwäbischer Gründlichkeit eine Fülle von Werken und Dokumenten, alles, was ihm erreichbar ist, vergleicht und wägt ab, welche unter den verschiedenen Darstellungen die wahrscheinlichste ist, was im Rahmen der geschilderten Epoche, im Stil der Zeit, im Wesen der dargestellten Menschen möglich erscheint, ertastet mit psychologischem Gespür das Denkbare und weiß mit hellsichtigem Instinkt, was zu verantworten ist, um nicht naive Schwarzweiß-Malerei zu treiben.

Und manchmal zieht er auch, aus der übermächtigen Empfindung heraus, einen kühnen Schluß. Was ihm etwa „eines deutschen Reichsfürsten unwürdig" erscheint, wie der vermutete Meuchelmord des Lauenburgers an Gustav Adolph bei Lützen, das lehnt er ab, läßt es im gnädigen Dunkel.

Inzwischen lebt er mitten im Kreis der beiden Schwestern, denn ein Kreis ist es, in jedem Sinn, auch in dem des Festhaltens und der unentrinnbaren Zusammengehörigkeit.

An Körner schreibt er: *„Das Lengefeldsche Haus wird mir mehr und mehr den ganzen Mangel an Gesellschaft hinlänglich ersetzen. Es sind dort mir sehr schätzbare Menschen beisammen, von sehr viel Bildung und dem edelsten Gefühl. Alles, was Lektüre und guter Ton einer glücklichen Geistesanlage und einem empfänglichen Herzen zusetzen kann, finde ich da in vollem Maße, außerdem auch viel musikalische Fertigkeit, die nicht den geringsten Teil der Erholung ausmachen wird, die ich mir dort verspreche."*

Da ist Karoline, die in seiner Gegenwart von Witz und Einfällen sprüht, die – aus Trotz dem verachteten Beulwitz gegenüber – um so aufgeschlossener auf seine leidenschaftlich-schwärmerischen Empfindungen eingeht, ihn tränenreich und zärtlich umarmt und sich über seine Schulter lehnt, ihn in endlosen heftigen Debatten und Diskursen anregt, widerlegt und bestätigt, während er die stillere Lotte gedankenvoll anschaut, sich manchmal an ihrem besonnenen Aufmerken und Aufschauen erholt, um bei ihr auszuruhen.

Durch das flackernde Licht ihrer erotischen Ausstrahlung zieht Karoline den Freund magisch an, und wie stark auch ihre schwesterliche Liebe zu Lotte sein mag, sie versucht zu dominieren und tut es auch, glaubt, daß die kleine Lolo ihre Überlegenheit, ihre reife, wissende Weiblichkeit nie erreichen oder etwa gar kritisieren könnte.

Überall ist Goethe im Gespräch – seit 1775 ist er ganz in Weimar, holt bedeutende, originelle Männer dorthin, und die Herzogin Anna Amalia unterstützt ihn dabei — sie hat eine „anmutende Art" des Umgangs und eine gute Menschenkenntnis.

Freilich waren es fast nur der Adel und die „Arrivierten", also Männer in hohen Stellungen, die da miteinander den kleinen Staat zu einem Musenhof machten, der weithin berühmt wurde. Es war ja ein Staat (wenn man ihn so nennen kann) vom Umfang einer mittleren Stadt heutzutage, ungefähr hunderttausend Menschen lebten unter der Regentschaft des Herzogs Karl August, und man darf sich die Obliegenheiten des Ministers Goethe nicht als allzu umfassend noch auch zeitraubend vorstellen; es wäre sonst kaum denkbar, daß der Minister eines Landes sich einfach — „vom Genius getrieben" — nach Italien absetzte und seine Verpflichtungen schleifen ließe — wie es Goethe ohne merkbaren Schaden für sein Amt tat.

Das Städtchen Weimar hatte noch viel Mittelalterliches, mehr noch Rudolstadt, man ritt oder reiste in Kutschen, soweit man sich's leisten konnte, man trabte zu Fuß in hohen Stiefeln, die Damen fuhren freilich, die Straßen spritzten von Schmutz, und nur eine (je nachdem recht zahlreiche) Dienerschaft konnte die nötige Bequemlichkeit schaffen.

Jede und jeder brauchte Diener und Zofen. Im bürgerlichen Haus hatte die Hausfrau vielerlei körperliche Mühen und war nicht nur — wie Goethes Mutter — planend und leitend in der Küche und im Keller; man kannte kaum technisches Gerät. Und die häusliche Versorgung verbilligte vieles, ersparte manchen Lakaien, freilich oft genug auf Kosten der Ehefrauen.

Es ist Schiller darum zu tun, sich in der Weimarer Gesellschaft zurechtzufinden, sich bekannt zu machen. Er ist nach Herkommen und Art ein Fremder, als Schwabe zunächst vorsichtig aufgenommen, als Nichtadeliger mit einem negativen Vorzeichen behaftet. Er hat Schulden, die ihm noch lange und seit langem anhangen, er gilt zwar als Heros im Geiste, aber dagegen steht der Glanz Goethes, den er aufzusuchen sich müht, um ihn sich zu verbinden, sich an ihm zu messen, sein allzu helles Licht zu paralysieren.

Aber Goethe ist in Italien. Jedenfalls kann Schiller ihn nicht kennenlernen, kommt mit Wieland und Herder zusammen, die ihn mit nuancierter Höflichkeit aufnehmen, trifft auch den Herzog nicht und hat neben der bisher gepflegten Ehrfurcht und aufschauenden Erwartung Goethe gegenüber ein bißchen Skepsis und Abstand gewonnen und sich selbst etwas höher einzustufen gelernt. –

Es gibt einen Brief Schillers an den Herzensvertrauten Körner, der seine ersten Eindrücke von Goethes Persönlichkeit, als dieser aus Italien zurückgekehrt, wiedergibt. Von Frau von Stein, die den Lengefelds so nahesteht, wird der Heimkehrende ein wenig „unterkühlt“ aufgenommen, da seine Verbindung zu Christiane Vulpius schon bekannt war.

Schiller schreibt: *„Sein erster Anblick stimmte die hohe Meinung ziemlich tief herunter, die man mir von dieser anziehenden, schönen Figur beigebracht hatte. Er ist von mittlerer Größe, trägt sich steif und geht auch so; sein Gesicht ist verschlossen, aber sein Auge sehr ausdrucksvoll und lebhaft . . . “*

Das Zusammentreffen geschieht im Beulwitzschen Garten, andere Familien sind auch eingeladen, man hat (Lotte? Karoline?) die Märznummer des „Teutschen Merkur“ auf den Tisch gelegt, in dem Schillers Abhandlung „Die Götter Griechenlands“ abgedruckt ist – Goethe blättert in dem Journal.

Mag sein, daß der Sensible, der unter dem Abscheu vor aller Krankheit geradezu litt, den zarten Leidensausdruck in Schillers Erscheinung spürte, sein bemüht-aufmerksames Wesen, das aus der Unsicherheit in diesem Kreis kam, als Schwäche oder bewußtes Posieren empfand, vielleicht auch fürchtete er einfach einen zudringlichen Bittsteller oder gar einen Konkurrenten – auch war ihm, so meinte ein Beurteiler, bekannt, daß

Schiller nicht seiner Loge angehörte – mag es sein, wie es will: der eine wurde zu groß, der andere zu klein eingeschätzt, und erst später konnte sich das angleichen, was da zu einem fruchtbaren, beflügelnden Austausch fähig und ausersehen war.

Goethe fragt, ob er das Blatt mitnehmen dürfe. Man ist erleichtert – freilich, die Anerkennung des kultisch verehrten Großen ist wichtig, Schiller selber ist froh über den Erfolg der Freundinnen.

Was übrigens Goethe sich gestatten konnte, eine bald danach bekannt werdende „Liaison" mit der bürgerlich-bescheidenen, ungebildeten Christiane, der „Blumenarbeiterin", das wäre im umgekehrten Fall, also bei einer Verbindung eines Bürgerlichen mit einer Adeligen, ein Skandal, wenigstens ein Affront. Aber das lag noch „in der Zeiten Schoße" – mindestens gestanden sich die Akteure des Stücks diese Möglichkeit noch nicht ein. –

Und zwischen all den Irrungen und vielerlei halben und ganzen Beziehungen und Verflechtungen schwankte die leidenschaftliche, gemütsvolle Karoline wie eine tragische Nymphe, eine mißbrauchte und zerschlagene Gestalt hin und her, der man ihr Leben durch die allzu frühe und widerwillig ertragene Heirat verbogen und getrübt hatte, für immer.

Karoline mußte das, was andere als erwartetes und beglückendes Geschenk empfangen, mit Enttäuschung und Widerstand erleben.

Und da verwandelte sich etwas in ihr. Schillers Dankbarkeit, seine innere Reinheit, seine unbedingte Gradlinigkeit gingen ihr auf als plötzlich einströmende Klarheit.

Karoline, die kokette, schwankende, egoistische Spielerin, erlebte die Wandlung, die sie kaum selber, vielleicht nicht einmal die Mutter und vollends nicht die junge Lotte erwarteten: Sie warf sich selber als ein Opfer in das Wirrsal der Neigungen, entschied sich für den völligen Verzicht, die unbedingte Aufgabe der eigenen Wünsche...

Charlotte von Schiller

Sie schrieb dem jungen Mann, dem genialisch noch immer schwankenden Dichter, und wies ihn zwingend dahin, wo sie – sicher nach schwerem Kampf mit sich selbst – das Glück ihrer Schwester erkannt hatte.

Gewiß hoffte sie auf ein freundschaftliches Hin und Her, auf freundliches Gewährenlassen, schwesterliche Vertrautheit, aber den Mann, Schiller, der ihr wie eine Flammenfackel nahegekommen und sie entzündet, nicht nur wohlig gewärmt hatte, wies sie in einer zarten, taktvollen Weise der Jüngeren zu.

Mag sein, daß sie auch gespürt hatte, wie bitter nötig der Getriebene, von dem Strom seiner anstürmenden Gestaltungen Geschüttelte, ein gelassenes und unveränderliches Zuhause brauchte, wo er ohne Wechselspiel und Unsicherheit seine großen Entwürfe reifen lassen konnte.

Freilich, Schiller bewegte sich in einer Art von schwebendem Wohlgefühl, fast wie im Traum, im Hause Lengefeld; er wußte nichts sicher, und Lotte?

Dieses gelassene, harmonische, ausgeglichene Wesen – ob es zur Leidenschaft geneigt wäre? Ob es ein so gegensätzliches, feuerflammendes und wieder zusammenfallendes Temperament wie das seine, einzig bestimmt von den Riesenentwürfen seiner geistigen Schöpfung, ob Lotte das ertrüge, aushielte, auffinge mit all seinen Unausgewogenheiten, seinen Abstürzen und Schroffheiten, die Schiller in sich wußte?

Er war kein charmanter Verführer. Dazu war auch das redliche schwäbische Erbe und ein Schuß vom mütterlichen Pietismus zu stark in ihm. Und daß er ein großer Leidender war, ein Prometheus, an den Felsen geschmiedet zu einer ewigen Passion, das spürte vielleicht nur Lotte – aber das wußte er noch nicht.

Es ist ein seltsames Hin und Her, was zwischen den beiden spielt. Beide noch jung, beide nicht mehr unerfahren in Dingen der Liebe, die freilich so verschieden gefärbt sind, wie nur denkbar.

Lotte, von der mädchenhaft-schwärmerischen, „mit süßer Wehmut geschmückten“ Romanze mit Captain

Heron nicht wirklich verwundet, eher mit einem vorsichtig gepflegten, schmerzlichen Nachklang ein wenig spielend; der junge Mann, gebeutelt und geprägt von den mancherlei stürmisch und dramatisch erlittenen Verliebtheiten, die er tragisch überhöht, weil sein Genius es so will, um ihn zum Psychologen und zugleich zum Gestalter zu bilden.

Schiller hat gewiß zwischen Frau von Kalb und Karoline Parallelen gesehen und daneben, dahinter, still und unaufdringlich, Lottes kluge Beständigkeit wohltuend empfunden.

Später hat ihm die umtriebige, gescheite Karoline Schlegel-Schelling bekanntlich seine Gattenwahl ein wenig hämisch angekreidet, und das „und drinnen waltet die züchtige Hausfrau“ aus der „Glocke“ hat man als Dokument seiner „Spießigkeit“ ausgelegt. Dabei vergaßen die Kritiker, wie er den Vers hinausführt:

„Und herrschet weise
Im häuslichen Kreise
Und lehret die Mädchen
Und wehret den Knaben . . .
Und füget zum Guten
Den Glanz und den Schimmer
Und ruhet nimmer.“

Zur Erziehungsaufgabe, die er da anspricht, zur Pflege der Kultur, zur Harmonie, der nie monotonen, wäre in seinem Sinn eine dumme Frau nie fähig gewesen, mag auch das Bild noch ganz aus seiner Zeit und in Gedanken an seine Mutter gewachsen sein.

Und schließlich – das alles ist ein rührender Ausdruck seiner Sehnsucht nach einer möglichst problemlosen Stille, nach einem Zuhause ohne Erschütterungen, die er in seiner Dichtung so stark miterlebte.

Und dann, nach dem selbstlosen Entschluß der Karoline, die Schiller Lottes Liebe zu ihm eindeutig offenbart, schreibt er am 3. August 1787 an Lotte:

„Ist es wahr, theuerste Lotte? Darf ich hoffen, daß Caroline in Ihrer Seele gelesen hat und aus Ihrem Herzen mir beantwortet hat, was ich mir nicht getraute, zu gestehen? Oh wie schwer ist mir dieses Geheimnis geworden, das ich, solange wir uns kennen, zu bewahren gehabt habe! Oft, als wir noch beisammen lebten, nahm ich meinen ganzen Mut zusammen, und kam zu Ihnen mit dem Vorsatz, es Ihnen zu entdecken — aber dieser Mut verließ mich immer. Ich glaubte Eigennutz in meinem Wunsch zu entdecken, ich fürchtete, daß ich nur meine Glückseligkeit dabei vor Augen hätte, und dieser Gedanke scheuchte mich zurück. Konnte ich Ihnen nicht werden, was Sie mir waren, so hätte mein Leiden Sie betrübt, und ich hätte die schöne Harmonie unserer Freundschaft durch mein Geständnis zerstört, ich hätte auch das verloren, was ich hatte, Ihre reine und schwesterliche Freundschaft. Und doch gab es wieder Augenblicke, wo meine Hoffnung auflebte, wo die Glückseligkeit, die wir uns geben konnten, mir über alle Rücksichten erhaben schien, wo ich sogar es für edel hielt, ihr alles Übrige zum Opfer zu bringen. Sie konnten ohne mich glücklich sein — aber durch mich nie unglücklich werden. Dieses fühlte ich lebendig in mir — und darauf baute ich dann meine Hoffnungen. Sie konnten sich einem anderen schenken, aber keiner konnte Sie reiner und zärtlicher lieben als ich. Keinem konnte Ihre Glückseligkeit heiliger sein, als sie es mir war und immer sein wird. Mein ganzes Dasein, alles, was in mir lebt, alles, meine Theuerste, widme ich Ihnen, und wenn ich mich zu veredeln strebe, so geschieht's, um Ihrer immer würdiger zu werden, um Sie immer glücklicher zu machen. Vortrefflichkeit der Seelen ist ein schönes und ein unzerreißbares Band der Freundschaft und der Liebe. Unsere Freundschaft und Liebe wird unzerreißbar und ewig sein, wie die Gefühle, worauf wir sie gründen. Vergessen Sie jetzt alles, was Ihrem Herzen Zwang auferlegen könnte, und lassen Sie nur Ihre Empfindungen reden. Bestätigen Sie, was Caroline mich hoffen ließ. Sagen Sie mir, daß Sie mein sein wollen, und daß meine Glückseligkeit Ihnen kein Opfer kostet. Oh versichern Sie mir dieses, und nur mit einem einzigen Wort. Nahe waren sich unsere Herzen schon längst. Lassen Sie auch noch das einzige Fremde hinwegfallen, was sich bisher zwischen uns stellte,

und nichts, nichts die freie Mitteilung unserer Seelen stören. Leben Sie wohl, theuerste Lotte. Ich sehne mich nach einem ruhigen Augenblicke, Ihnen alle Gefühle meines Herzens zu schildern, die in dem langen Zeitraum, daß diese einzige Sehnsucht in meiner Seele lebt, mich glücklich und wieder unglücklich gemacht haben. Wie viel habe ich Ihnen noch zu sagen! Säumen Sie nicht, meine Unruhe auf immer und ewig zu verbannen. Ich gebe alle Freuden meines Lebens in Ihre Hand. Ach, es ist schon lange, daß ich Sie mir unter keiner andern Gestalt dachte, als unter Ihrem Bilde. Leben Sie wohl, meine Theuerste."

Und in einem weiteren Brief:

„*Dieser heutige Tag ist der erste, wo ich mich ganz glücklich fühle. Nein! Ich habe nie gewußt, was glücklich sein ist, als heute. Ein einziger Tag verspricht mir die Erfüllung der zwei einzigen Wünsche, die mich glücklich machen können. Oh ich weiß nicht, wie mir ist. Mein Blut ist in Bewegung. Körner kündigt mir noch an, daß er bereit sei, Dresden zu verlassen und Jena zu seinem Aufenthalt zu wählen. Innerhalb eines Jahres kann ich hoffen, auch von ihm unzertrennlich zu werden. Welch schöne himmlische Aussicht liegt vor mir! Welche göttlichen Tage werden wir einander schenken! Wie selig wird sich mein Wesen in diesem Zirkel entfalten! Ich habe mich selbst wiedergefunden und lege einen Wert auf mein Wesen, weil ich es Ihnen widmen will. Ja, Ihnen sollen alle meine Empfindungen gehören, alle Kräfte meines Wesens sollen Ihnen blühen! In Ihnen will ich leben und meines Daseins mich erfreun. Ihre Seele ist mein — und die meinige ist Ihnen. Aber bestätigen Sie mir beide, daß meine Hoffnung mich nicht trügt.*"

Ob Karoline sich so schicksalhaft-unentrinnbar zu Schiller gezogen fühlt, wie es ihr manchmal scheint, prüft sie nicht ernsthaft.

Charlotte weiß, daß *sie* Schiller wirklich liebt; sie zögert, ihn das spüren zu lassen, sie meint, ihm nicht genug sein zu können, sie ist weit weg von der überschwenglichen, manchmal übersteigerten Selbstsicherheit ihrer Schwester, die sich ihrer Wirkung bewußt ist; eben darum ist Karolines Brief an Schiller so rührend, mit dem sie eigene Hoffnungen vernichtet und sich —

wenigstens für jetzt – dem „Beulwitz-Schicksal" (wie sie es nennt) ergibt; ganz leise denkt sie an Wolzogen.

Lotte weiß zunächst nichts von Karolines Eingreifen; sie spricht mit der allernächsten Freundin, Karoline von Dacheröden, die später Humboldt heiraten wird.

Und Schiller, durch den schwesterlichen Beistand endlich sicherer, schreibt an Lotte:

„Du kannst fürchten, liebe Lotte, daß du mir aufhören könntest zu sein, was du mir bist. So müßtest du aufhören mich zu lieben! Deine Liebe ist alles, was du brauchst, und diese will ich dir leicht machen durch die meinige . . ."

Aber dann versucht er doch, Lotte vorsichtig zu erklären, was etwa ihre Angst bewirkt haben könnte, er spürt wohl, was Karoline bewogen hat, ihm diesen Brief zu schreiben: doch ein wenig schlechtes Gewissen, ein wenig Bedrückung darüber, daß sie allzu freigebig von ihrer weiblichen Raffinesse Gebrauch gemacht haben könnte . . . und das ist es denn auch, was einen im nachhinein verpflichtet, ja zwingt, gerade Karoline gerecht zu werden, denn sie hätte sich durchaus auch anders verhalten können.

Er schreibt weiter: *„Karoline ist mir näher im Alter und darum auch gleicher in der Form unserer Gefühle und Gedanken . . ."*

Das ist freilich keine volle Beruhigung, wenn Lotte sie ganz durchschaut; „gleicher" – da redet der Schwabe und meint nicht nur „ähnlicher" sondern mehr: „wesensgleich, völlig entsprechend".

Deshalb fügt er an – einen Trost, den Lotte damals sicher als vertrauensvoll Ergebene bereitwillig annahm:

„Hätten wir uns später gefunden, so hättest du mir diese schöne Freude genommen, dich für mich aufblühen zu sehen."

Karoline hätte solche Zuordnung vielleicht als Herabsetzung empfunden, und wir Heutigen würden es wohl mit ihr tun. Er selber, Schiller, das Genie, der Gestalter so vieler Charaktere, fühlt sich auch der – sicher geliebten – Lotte gegenüber als Meister, als Lehrer, dem ein noch unfertiges wertvolles Material anvertraut wird, das er nach seinen Ideen formen darf.

Es sind ja keine „gleichartigen“ Partner, die sich in seinen Augen einander verbinden, sondern ein Gärtner und eine mit allen knospenhaften Möglichkeiten begabte Blume... Wer denkt nicht an Goethes „Ich ging im Walde so für mich hin...“ – da freilich ist von keiner Gewißheit des vollen Erblühens und Reifens die Rede; wie denn auch zwischen Christiane, der oft Verkannten und wenig geachteten, die jammervoll starb, und der bald ganz mit dem gewählten Gatten verschmolzenen und ihm ebenmäßig zugewachsenen Lotte kein Vergleich möglich ist...

Karoline also, die Sprunghafte und Unausgeglichene, hat hier einen stillen und großartigen Verzicht geleistet und mit einem – oft verdeckten – gesunden Instinkt die beiden füreinander Bestimmten zusammengeführt. Sicher hat sie darüber eine nur ihr selbst spürbare Genugtuung empfunden.

Ganz anders war die Reaktion der Mutter Lengefeld, die man allzu lang über die eigentlichen und endgültigen Empfindungen getäuscht hatte – sie muß wohl, in den Formen der anerzogenen Konvention, beinah krampfhaft an die reine Geistesfreundschaft geglaubt und Karolinens heftige Geneigtheit als einen Ausgleich für die, von ihr, der Mutter – veranlaßte, unglückliche Ehe geduldet haben.

Es gab dann manches Rätselraten darüber, warum Schiller und Lotte ausgerechnet in der Fastnachtszeit und deshalb nicht in einer großen repräsentativen Kirche getraut wurden, man dachte an eine Verlegenheitslösung auf Drängen der *chère mère*, nachdem sie von der leidenschaftlichen Entschlossenheit der beiden erfahren hatte; man dachte auch an Schillers Abneigung gegen alle Zeremonien und gegen die herrschende Orthodoxie – er schrieb doch: *„Welche Religion ich bekenne? Keine von allen, die du mir nennst. Und warum keine? Aus Religion!“*

Wahrscheinlich spielten auch finanzielle Überlegungen eine Rolle – für ein standesübliches großes Hochzeitsfest hatten weder Schiller noch auch die Frau von Lengefeld die Mittel, und Charlotte fügte sich jedenfalls willig in die Gegebenheiten.

So blieb Wenigenjena, ein kleines altes Kirchlein, und die dringende Eile, mit der man Aufgebot und Beschaffung nötiger Dokumente betrieb.

Da ist auch einiges Besorgliche vorher in den Briefen der Mutter Lengefeld, und hochfliegende Hoffnung und beinahe utopische Zuversicht in den Versicherungen des Bräutigams.

Frau von Lengefeld schrieb:

„Ja, ich will Ihnen das Beste und Liebste, was ich noch zu geben habe, ich will Ihnen mein gutes Lottchen geben. Die Liebe meiner Tochter zu Ihnen und Ihr edles Herz bürgt mir für das Glück meines Kindes, und dieses allein suche ich. Verzeihen Sie aber die Besorgnis und die Pflicht einer Mutter! Ist es möglich, Lottchen mit Ihnen nicht ein glänzendes Glück, sondern nur ein gutes Auskommen zu verschaffen? Können Sie mich hier beruhigen, so nenne ich Sie mit Freuden Sohn. Wäre ich reicher, könnte ich Ihnen mit meiner Tochter ein ansehnliches Vermögen geben, wie gern würde ich Ihnen da zeigen, daß Verdienst und ein Herz, so wie ich mir das Ihrige denke, die schätzbarsten Dinge der Welt für mich sind. Da aber mein Vermögen nicht hinreichend ist, um Ihnen mit meiner Lottchen ein gutes Schicksal zu machen, so müssen Sie mir meine Frage vergeben. – Mit wahrster Ergebenheit und aufrichtiger Freundschaft nenne ich mich Ihre treue Freundin Von Lengefeld, geb. v. Wurmb."

Und Schiller dankt sofort, sieht nur die Zustimmung und die Hoffnung:

„Meinen innigsten unaussprechlichen Dank, verehrungswürdigste theuerste Mutter, für die ganze Glückseligkeit meines Lebens, die Sie in Lottchen mir geben! Wie kann ich mit Worten dafür danken? Meine Seele ist tiefbewegt und zu sehr, um Ihnen mit aller Fassung jetzt zu schreiben. Aber ich kann in diesem Augenblick der Freude nicht schweigen, und ich mußte die

Schillers Traukirche in Wenigenjena

Fülle meines Herzens gegen Sie ausströmen! O, wie erhöhen Sie noch das Geschenk, das Sie mir geben, durch die Art, womit Sie es tun! Dieses großmüthige Vertrauen, womit Sie mir Lottchens Glück übergeben, wie vermehrt es meine grenzenlosen Verpflichtungen gegen sie! Glauben Sie, daß ich es fühle, was Sie mir anvertrauen, und was es Sie kosten mußte, alle Ihre Aussichten für Lottchens Glückseligkeit auf meine Liebe allein einzuschränken. Aber ich fühle es nicht weniger lebhaft, daß Sie nie, nie Ursache haben werden, dieses Vertrauen zu bereuen. – Ein glänzendes äußeres Glück kann ich ihr weder für jetzt noch fürs Künftige anbieten, ob ich gleich einige Gründe habe zu hoffen, daß ich in vier, fünf Jahren in den Stand gesetzt sein werde, ihr ein angenehmes Leben zu verschaffen. Sie wissen, worauf alle meine Aussichten beruhen: Bloß auf meinem eigenen Fleiß. Ich habe keine Hilfsmittel, die Sie nicht längst schon kennen."

Er nimmt an, daß er von den Vorlesungen 300 Taler einnehmen werde, 200 vom Herzog bekomme, und 400 bis 500 durch seine Schriftstellerei erwerbe, und daß sie beide mit etwa 800 Talern in Jena auskommen könnten.

Vieles an diesen Plänen war noch unbewiesen, ungesichert, und die Mama gab zu, daß sie nichts beisteuern könne – kein Geld jedenfalls.

Als Aussteuer gab die *chère mère* zweieinhalb Dutzend Stühle und derlei „meubles", und Schiller bot den Dozenten Schmid auf, einen Kantischen Theologen mit dem Titel Adjunkt, einen Hochschulbeamten, der die Trauung bald und ohne viel Aufhebens vollziehen sollte, bei der nur die Allernächsten zugegen sein würden.

Jedes umtriebige Gehabe war Schiller zuwider, und der Mama doch wohl auch die Verbindung ihrer Tochter mit einem bürgerlichen, unvermögenden „Schreiberling", an dessen Genie sie nicht recht zu glauben wagte. Man hatte ihr auch zugetragen, daß Lottes Freundin Karoline von Dacheröden nicht zur Trauung kommen werde, da Lotte einen Bürgerlichen heirate . . . was freilich unglaubhaft klang.

Die Trauungsurkunde lautet:

„Auszug aus dem Kirchenbuch der protestantischen Pfarrei Wenigenjena im Großherzogtum Sachsen-Weimar-Eisenach. Im Jahre 1790 den 22. Februar ist Herr Friedrich Schiller, Fürstlich Sächsisch Meiningenscher Hofrat und öffentlicher Lehrer der Weltweisheit in Jena, Herrn Johann Friedrich Schillers, Hauptmann in herzoglich Württembergischen Diensten, eheleiblicher Sohn, mit Fräulein Luise Charlotte Antoinette von Lengefeld, weiland Herrn Carl Christoph von Lengefelds, Fürstlich Schwarzburgisch-Rudolstädtischen Jägermeisters und Kammeraths zu Rudolstadt hinterlassenen eheleiblich zweiten Tochter, nachdem sie tags zuvor als am Sonntag Invocavit, einmal für allemal proklamiert, auf Conzession des Herrn Superintendent Oemler allhier in aller Stille getrauet worden. Für die Treue des Auszugs bürgt . . .“

Da standen sie beide vor dem Altar, den geistlichen Segen mag er nicht allzu hoch angeschlagen haben, aber Lotte glaubte etwas wie einen Strom von milder Zustimmung zu spüren und schaute dankbar auf, auch zu der Mama hinüber, die wohlgefällig nickend bei der Zeremonie standhielt, ein wenig weinte und zu Karoline hinüberblickte, die sicher und freundlich-überlegen neben dem stillen Beulwitz stand, Beulwitz, der das strahlende Lächeln der jungen Lotte mit einem traurigen Blick sah, kaum verbergend, daß er es bitter empfand.

Eine kleine bescheidene Feier, ein Essen in irgendeinem Landgasthof, die beiden Brautleute Hand in Hand, und abends dann mit einem zarten entschuldigenden Lächeln, mit einer leichten Verbeugung des jungen Mannes, einem schnell verflogenen Rotwerden der Braut — ihr Aufbruch. Schiller wird die feine Scheu seiner Lotte geachtet, ihre Entfaltung, wie er es sich wünschte, behutsam begleitet haben.

Er schreibt an den Freund und Vertrauten Körner ein paar Wochen nach der Hochzeit, er fühle sich geborgen und wohl in einer anderen Welt, einer Genesungsatmosphäre — so etwa drückte er es aus, und Körners freuen sich, umso mehr, als Körner vorher abgeraten hatte, eine reiche Versorgungsehe empfohlen, eine sichere materielle Polsterung.

„Was für ein schönes Leben führe ich jetzt; ich sehe mit fröhlichem Geiste um mich her, und mein Herz findet eine immerwährende sanfte Befriedigung außer sich, mein Geist eine so schöne Nahrung und Erholung. Mein Dasein ist in eine harmonische Gleichheit gerückt, nicht leidenschaftlich gespannt, aber ruhig und hell gingen mir diese Tage dahin . . .“

3. Kapitel Gemeinsame Jahre

Es ist müßig, da zu schnüffeln, zu graben, wie sich der langvertraute Umgang der Beiden zur Ehe ausgereift, welche zärtliche Rücksicht, wieviel dankbare Beglükkung sie erlebt haben mögen.

Für beide, für Lotte und für Schiller, fing ein neues, ganz anderes Leben an. Freilich nahmen beide die Elemente des seitherigen mit hinein in diesen neuen Kontinent, in dieses unbekannte Land, das sich ihnen schenkte wie eine sichere Zuflucht und eine unbetretene Insel. Trotz aller Ungewißheit der äußeren Versorgung, die Schillers Laufbahn mit sich brachte, und trotz der Umbrüche und Drohungen, die aus der politischen Situation aufstiegen und auch nach dem kleinen Fürstentum griffen.

Das Gefühl des sicheren Besitzes eines zugehörigen Menschen, der allen Vertrauens wert war, zuerst zweifelnd ertastet und erkämpft, aber endlich und unverbrüchlich gewonnen, das war der nährende Grund, auf dem Schiller seiner selbst immer neu gewiß werden und Lotte erst recht ihre Bestätigung finden konnte.

Lottes Briefe sind erfüllt von diesem Wohlgefühl, ihre Gedanken, nicht immer hochfliegend, aber voll guten Willens auf den geliebten Mann gerichtet, so spiegelt sie die Umwelt ohne Angst, die sie früher oft getrieben hat, und auch die fernere, die große Welt – sie mißt sie an seinen Maßstäben und versieht sie doch mit dem eigenen fraulichen Glanz. Manchmal sieht sie nur das Detail, er das „Weltall“, aber sie spürt den Takt der großen Schritte, die er überschaut.

Es geschieht viel, was er vorgedacht, befürchtet oder herbeigewünscht hat. In Frankreich empfindet man den Genialen als zugehörig und verleiht ihm das Ehrenbürgerrecht als „Monsieur Giller".

Ludwig XVI. wird enthauptet, unter rohem Gebrüll der Massen, die verhaßte „Österreicherin", Marie Antoinette, lebt eingekerkert mit ihrer Tochter; den Sohn hat man ihr genommen, sie weiß nicht, in welche groben Hände er geraten ist — wer ihn beeinflussen und verhetzen wird.

Lotte mag zuerst mit vager Neugier, mit Mitleid und — wie Schiller — endlich auch mit verstehendem Einblick beobachtet haben, wie sich eine neue, bewußte Bewegung gegen die geheiligte Tradition, die mißbrauchte, wandte.

„Unser Fürstentümchen hängt an diesem jahrhundertealten Herkommen. Aber Fürsten sind oft genug weder fähig noch auch nur willens, Verantwortung zu tragen —."

„Freiheit!" schreien die Massen. ‚Aber die haben keinen Überlegenen, der das Ganze hält, wenn die ungeformte Empfindung alles überrennt!' — so denkt Lotte.

Die Nachrichten kamen langsam über die Grenze, Reiter und Kuriere wurden abgefangen, und was man hörte, widersprach sich oft.

Er freilich, der Große, der Steilaufgerichtete, der Felsenartige — den sie noch immer nicht ganz begreift, nur liebt, öffnet jetzt manchmal Tore, Nischen, Kavernen, in denen sie ihn weich, fast hilflos erkennt, mit denen er sich ihr zeigt, wie er es keinem anderen erlaubte — dem Herzensfreund Körner vielleicht noch. Nur ist der ein Mann und ein gescheiter und unbestechlicher.

Da hat er ihr einiges über Goethe gesagt, was sie zuerst erschreckte. Aber sie hat es nicht vergessen und hört es noch und sagt es sich vor, um mehr von ihm zu verstehen. — Sie sucht die weichen Stellen in ihm, da, wo er ihr zugänglicher ist und aufgetan, wo er sie braucht als warme Bergung, als Trost, als Befriedung und Befreiung auch.

Sie weiß noch, was er darüber an Körner geschrieben und ihr vorgelesen hat — widerwillig eigentlich, aber gedrängt, beengt, voller Qual: *„Öfter um Goethe zu sein, würde mich unglücklich machen. Ich glaube in der Tat, er ist ein Egoist in ungewöhnlichem Grade. Er besitzt das Talent, die Menschen an sich zu fesseln, aber sich selbst weiß er immer frei zu behalten. Er macht seine Existenz wohltätig kund, aber nur wie ein Gott, ohne sich selbst zu geben."*

Was sollte sie denken? Der Geliebteste, *ihr* Maß aller Dinge der Welt, stand da gegen den Allverehrten, Allanerkannten . . .

Aber ohne viel zu fragen versteht sie, daß der große Mann immer vom Einzelnen, vom Eigenen und Persönlichen ausgeht, während Schiller das Prinzipielle, die weite Linie sieht, die Idee, nach der Geschichte sich vollzieht.

Tragik, das erfaßt sie, ist, wo der einzelne mit seinem Empfinden gegen die Idee, die nüchterne Theorie aufsteht und an ihr scheitert. Das hat er ihr am „Don Carlos" gezeigt. So fesselt ihn auch an der große Revolution die Idee, der Wille zur Freiheit, aber er erkennt, daß die wild Ausbrechenden nicht mit der Macht umgehen können und sie ebenso mißbrauchen, wie es unwürdige Fürsten getan hatten.

Im gleichen Jahr, als Charlotte mit ihrem ersten Kind schwanger ist, stirbt der gewalttätige schwäbische Landesherr, der väterliche Tyrann, Carl Eugen von Württemberg, ohne dessen Verdikt Schiller vielleicht in der Heimat seßhaft und nicht unter Goethes Ägide und in der Spannung gegen ihn groß und bedeutend geworden wäre.

Der Herzog stirbt schwer, ringend und stöhnend, und so, wie man es keinem wünschen möchte, an einer Urämie, gegen die seine Leibärzte wehrlos sind.

Zwar kannte man so etwas wie Blutsenkungen und stellte die „Entzündungsgifte im Blut" fest, wußte auch um das Versagen der Nieren, den Bluthochdruck, die Krämpfe durch das „zurückgetretene Podagra", aber helfen konnte man nicht mehr – und der Herzog flüsterte dem Geistlichen zu: „Pfarrer, Sterben ist kein Kinderspiel."

Die sanfte Franziska, die eben noch zwei Jahre vor diesem Tod als Herzogin anerkannt worden war, saß am Bett und hielt den Sterbenden im Arm.

Und nicht weit davon saßen Schillers Eltern auf der Solitude und warteten angespannt und traurig auf die Botschaft vom Ende.

Daß er, der Sterbende, so vielen seinen Stempel aufgeprägt hatte, im Guten und im Schlechten, bedrükkend und anregend, hemmend und aktivierend zugleich, machte ihn zu einer Erscheinung, typisch für die vergehende Epoche, die kommende ahnend, ohne sie anerkennen zu wollen.

Schiller, dem alle kleinen ärmlichen Gedanken fernlagen, sprach dann ein vornehmes, loyales Wort beim Anblick des Totenhügels:

„Da ruht er also, dieser rastlos tätig gewesene Mann, er hatte große Fehler als Regent, größere als Mensch. Aber die ersten wurden von seinen großen Eigenschaften weit überwogen und das Andenken an die letzteren muß mit dem Toten begraben werden. Darum sage ich Dir, wenn Du einen, da er nun dort liegt, jetzt noch nachteilig von ihm sprechen hörst, traue diesem Menschen nicht, er ist kein guter, wenigstens kein edler Mensch."

Vielleicht sind auch die Verse Don Cesars aus der „Braut von Messina" ein – bewußter oder unbewußter – Nachklang des Erlebnisses der Funeralien Carl Eugens. Der Herzog war, wie immer auch seine schulmeisterliche Strenge und Enge auf den Dichter gewirkt haben mochten, ihm so etwas wie ein „Vaterbild" geworden, mächtiger vielleicht als das des leiblichen Vaters, so kräftig dessen Wirkung auch immer gewesen sein mag.

„Es war des Vaters ernste Totenfeier.
Im Volksgedräng verborgen wohnten wir
Ihr bei, du weißt's, in unbekannter Kleidung.
So hattest du's mit Weisheit angeordnet.

Mit schwarzem Flor behangen war das Schiff
Der Kirche, zwanzig Genien umstanden
Mit Fackeln in den Händen den Altar,
Vor dem der Totensarg erhaben ruhte,
Mit weißgekreuztem Grabestuch bedeckt.
Und auf dem Grabtuch sah man den Stab
Der Herrschaft liegen und die Fürstenkrone,
Den ritterlichen Schmuck der gold'nen Sporen,
Das Schwert mit diamantenem Gehäng.
Und alles lag in stiller Andacht kniend,
Als ungesehen jetzt vom hohen Chor
Herab die Orgel anfing sich zu regen,
Und hundertstimmig der Gesang begann –
Und als der Chor noch fortklang, stieg der Sarg
Mitsamt dem Boden, der ihn trug, allmählich
Versinkend in die Unterwelt hinab.
Das Grabtuch aber überschleierte
Weit ausgebreitet die verborg'ne Mündung,
Und auf der Erde blieb der ird'sche Schmuck
Zurück, dem Niederfahrenden nicht folgend.
Doch auf den Seraphsflügeln des Gesangs
Schwang die befreite Seele sich nach oben,
Den Himmel suchend und den Schoß der Gnade."

Wie ihn das Dunkel dämonisch anzieht! Als wär's der Bote, der von Mozart das Requiem bestellte, als gelte ihm selber das düstere Bild, die Worte „versinkend in die Unterwelt hinab".

Lotte dagegen schreibt fröhlich:

„Wir haben unseren Wohnort für diesen Winter verändert und bleiben in Ludwigsburg, wo Schiller seiner Familie und seinen Jugendfreunden näher ist als in Heilbronn . . . Ich verlange wenig von fremden Menschen mehr, und ich bin leicht

zufrieden, wenn ich nur einen artigen Umgang finde und Kultur, die mir wohltut im Umgang. Da ich nichts für mein Herz suche, bin ich leicht befriedigt... Ich fühle mich so reich in Schillers Liebe, in dem Besitz meiner wenigen Freunde, in dem Besitz meines kleinen Heimes — daß ich überall glücklich bin, wo ich Ruhe habe und es mir also auch hier wohl ist..."

Schiller hat jetzt keine Rücksicht mehr zu nehmen, wo der Herzog tot ist, er hat freie Hand in seiner Heimat.

Was es wohl heißt, Lotte von ihrem Glück, ihrer Zufriedenheit reden zu hören, ohne Klage, ohne Zweifel und Vorwurf, ganz beruhigt in der Nähe des zugehörigen, für immer gewählten Mannes? Vielleicht hat er kaum bemerkt, wieviel Tapferkeit, wieviel Mut und Treue zu dieser unveränderlichen Ausdauer gehörten!

Denn auch die *chère mère* hat wohl hie und da leise Ängste anklingen lassen, einen angedeuteten Vorwurf: „Du hast es ja so gewollt! Der kränkelnde, eigentlich schwerkranke Mann, ohne Vermögen, mit schwankenden Einkünften — dieser flackernde Künstler, dieser Bürgerliche auch noch..."

Schiller ist noch nie Vater geworden — er freute sich, ersehnte die Geburt voller Ungeduld, vermerkte beglückt, daß es Lotte während der Schwangerschaft besser ging als je, daß sie keine „Krämpfe" dabei hatte, nahm hin, daß sie sein „Dampfgewölke" einschränkte, ihm das ständige Pfeifenrauchen abgewöhnen wollte — sie vertrug's nicht mehr, und wenn das Kind erst da sei, dürfe es ohnehin nicht in einer Tabakluft atmen, sagte sie.

Und ehe sie nun niederkommt, treiben ihn Sorge und Verantwortung um. Er sagt ihr nicht, daß er flehentlich hofft, dieser kleine Ankömmling möge nichts von seiner, des Vaters, Kränklichkeit geerbt haben.

Aber Lotte ist zuversichtlich: Schillers Sohn — wie sollte der nicht herrlich sein? Für sie ist Friedrich ja kein kranker Mann, kein im tiefsten Geschädigter. Sie läßt sich gern, so nah sie ihm auch ist, von seinem eigenen Mitgerissensein täuschen, von seinem geistigen Feuer, von seiner schöpferischen Kraft. Niemand soll ihm anmerken, wenn er eine schlimme Nacht hinter sich hat, mit Atemnöten und Leibkrämpfen, mit leichtem Fieber auch; Lotte weiß es, nimmt's aber nicht ernst.

Und als die besorgte Karoline, die sich ja mitschuldig fühlt an dem großen verliebten Glück und dem Schatten, der darüber hängt, einmal danach fragt, weil sie von Goethes hypochondrischer Vorsicht Schiller gegenüber gehört hat, da lacht Lotte sie aus: Nichts vom Krankheitsgeruch habe sie je gespürt, höchstens den Tabakduft. Mit Karoline redet die Mama dann doch über Schillers Schwäche, über sein blasses, eingefallenes Gesicht, aus dem die Backenknochen unter der gespannten Haut hervortreten, über die Schatten unter den Augen und auf den Lidern.

Er habe sich doch wohl bei der Flucht für langhin verdorben, damals 1782, als sie vor dem Herzog geflüchtet seien, während der sein blitzendes Fest auf der Solitude beging, das den Gemahl seiner Schwester, den Zarewitsch, blenden sollte.

Lotte nimmt's nicht ernst, versteht auch das Krankheitsbild nicht, es könnte die Lunge sein, aber dann wären die Schmerzen im Leib nicht. Wie sollte sie es auch ernst nehmen, was nicht einmal Ärzte recht erkannten? Daß Friedrich dem Jugendfreund Hoven schrieb, er möge sich immer darauf gefaßt machen, daß er bei ihm Hilfe suche, wenn ihm „hier" nicht bald geholfen werde — das erfuhr sie erst viel später. Sie sah nur den Liebevollen, Zartfühlenden und Glücklichen — wollte auch keinen anderen, keinen Gefährdeten sehen, da sie diesen einen liebte, den sie der Mama abgetrotzt und dem Opfer der Schwester verdankt hatte, das nicht umsonst sein durfte.

Äußeres nahm sie jetzt in Anspruch: der Umzug in ein bescheidenes Gartenhaus im Leistschen Garten, die Aufgabe der Stadtwohnung in der „Schrammei", wo man den gemeinsamen Mittagstisch gehabt hatte, die eigene Wirtschaft, und dann, mit einiger Bängnis beobachtet, die neue Fühlungnahme mit Frau von Kalb, im Sommersemester Schillers Vorlesungen über Ästhethik, die er bald aufgab; und endlich, erlösend aus der kleinlichen Beengung, die dänische Hilfe, die unerwartet großartige Zusage einer dauernden materiellen Unterstützung zur freieren Entfaltung, wie es Friedrich sah.

Sie, Lotte, schwang in einem kindlichen Glauben mit ihm in seinen hellsichtigen Visionen, suchte, wie sie es einmal Karoline gegenüber aussprach, ihm das „Wolkenbett" zu bereiten, auf dem er sich, schwebend-erdfern, ausruhen sollte vom Ikarusflug.

Aber sie verstand auch, daß er kein bloßer Illusionär war, daß ihm Klarheit, treffende Genauigkeit, Reinheit immer mehr bedeuteten und immer unverfälschter zuwuchsen. Und daß er selber wuchs: Aus dem Ringen um die Gestaltung der Begriffe, die „das Namenlose nennen", läßt er, wie ein starker Vogel ausbrechend, das einmal Geformte hinter sich und dringt zum nächsten Kreis, zur lichteren Sphäre hinauf. Lotte spürt das mehr, als sie es ausdrücken kann und mag.

Und er, Schiller, will es auch nicht anders, er will sie so, als Frau, wie sie ist, als kluges Gegenüber, das ihn aufnimmt, ohne eigene Zutat, ohne aufdringliches Sichbehauptenwollen.

Es hieß, Goethe habe seiner Christiane einmal von einer Reise geschrieben, sie solle ihm doch etwas schikken, was sie an sich gehabt, ihre Pantöffelchen, daß er sie in denen ganz nahe spüre. –

So eine sinnliche, naturhafte, animalische Nähe war zwischen ihnen beiden, Schiller und Lotte, nicht gegeben. Es war zunächst eher eine geschwisterliche, geistige Berührung, aus der das zarte, tastende, scheue Sichanschmiegen kam, bis es zur schönen Flamme wurde, zur „schönen duftenden Flamme", wie er es ausdrückte, die sie zusammenschmiedete, ständig bewegt, nie erstarrend.

Schiller nahm das Wachsen des Kindes ganz wichtig, er sprach gerührt und dankbar davon, was Lotte ihm da entgegentrage, und als es endlich soweit war, gegen die Septembermitte, und die Wehen einsetzten, war Lotte recht zuversichtlich in ihrer Vorfreude.

Es dauerte dann noch zwei Tage, sie lag gekrümmt, wenn der Wehenschmerz sie rüttelte, stand wieder auf, wenn er nachließ, und warf sich wieder hin, immer bemüht, den lieben, ungeschickten, hilflos ängstlichen Mann zu beruhigen.

Die Mama war da, Karoline kam, der Arzt ließ sie nicht allein.

Und als das winzige Wesen, noch kaum ein Menschlein und doch wohlgebildet, sich aus ihr löste, hörte sie triumphierende Rufe: „Ein Sohn, ein kräftiger Bub!"

Schiller, von Sorge und Nachtwachen übermüdet, hatte sich hingelegt und schlief fest, als man ihm den Säugling ans Lager brachte.

Er sprang auf, wie aus einem Traum, noch benommen, und erkannte, was ihm da strampelnd, flüchtig in ein Windeltuch eingewickelt, gebracht wurde: „Mein Sohn!" Lachend griff er nach der winzigen Hand, rief dann: „Wie geht's der Lotte?" und hastete, im weiten Nachtkleid, hinüber und ans Bett und umarmte sie kniend.

Der „Goldsohn" Karl wuchs, gedieh, wackelte breitbeinig durch die Räume, kaum daß er das erste Jahr hinter sich hatte, und hielt sich an Tischdecken und Kissen, bis sie nachgaben und ihn sanft oder unsanft zu Fall brachten.

Inzwischen war der kleine Karl in der Ludwigsburger Wohnung getauft worden, zehn Tage nach seiner Geburt. Man kennt die Paten, weiß, daß die Schillereltern dabei waren — was Schiller sicher wichtig war, die Frau und der Vater des Dr. von Hoven, der die Geburt geleitet hatte; auch kennt man einige abwesende Paten, wie die regierende Herzogin Luise von Sachsen-Weimar und den Koadjutor von Mainz, Freiherr von Dalberg.

Auch die *chère mère* hatte man natürlich als Patin eintragen lassen.

Vom Vater Johann Kaspar gab es einen sehr typischen Brief an die jungen Eltern wegen dieser Taufe:
Johann Kaspar Schiller an Friedrich und Charlotte Schiller

Solitude, den 19. September 1793

Die Taufe meines lieben Enkels steht freilich lange an, nicht daß ich es für Sünde hielte, sondern des Ludwigsburger Publikums wegen. Da er im Haus getauft wird, so würde Frau Hofmedikus schon ein Taufzeug haben besorgen können, und es ist hierzulande an vielen Orten Sitte, daß die Hebamme dafür sorgt. Inzwischen bleibt es bei der Anordnung des lieben Fritzen, und ich werde bis Montag früh von hier abfahren, die Louise mitbringen und Mama und Nanette zurücknehmen. Ist bis dahin das Wetter gut, so reit' ich, nehme noch ein Pferd mit, damit ich in Seinem Wagen hierher kommen kann, weil viel aufzupacken ist. Luise geht dann zu Fuß. Sobald ich Erlaubnis ins Bad bekomme, gehe ich nach Cannstatt, und von dort aus will ich Euch auf einige Tage besuchen. Daß Er, liebster Sohn, so starke Ausgaben hat, das bekümmert mich sehr. Ich weiß zwar nicht, wie stark und wie sicher Seine Einnahmen sind; wenn sie auch mit den Ausgaben verhältnismäßig wären, so würd' ich diese doch etwas einzuschränken suchen. Wenn Er, bester Sohn, mit der lieben Lotte nur allein wäre, so denk' ich, könnt' ein besseres Arrangement gemacht werden. Herr Bauverwalter R. hat mir gesagt, er wisse ein Logis von eben dem Gelaß, welches jährlich nicht höher als auf achtzig Gulden würde zu stehen kommen. Nur der erste Monat wird Ihn so viel kosten, und ich hoffe, Er soll ins Künftige mit hundert Gulden auslangen. Bier wird ja in Ludwigsburg selbst gemacht und aus dem Bierhaus entweder alle Tage geholt oder in einem kleinen Fäßlein von zehn bis zwölf Maß zu haben sein. Der Ihm anständige Wein aus dem Wirtshaus um zweiunddreißig Kreuzer ist vielleicht um achtundzwanzig Kreuzer zu haben, wenn Er zwei oder drei Imi davon kaufen will, und da ließe sich nachfragen auch sonsten wo. Es muß ja viel Wein in Ludwigsburg sein, und wenn ich hinauskomme, werde ich ganz gewiß eine Sorte, zwischen sechzig und siebzig Gulden den Eimer, auftreiben. Was die Vorräte von Viktualien anbetrifft, so wird hierunter nur Kaffee, Zucker, Mehl, Schmalz, Lichter, Seife usw. verstanden werden können, die man doch im großen, etwa auf ein paar Monate, um billigere Preise bekommt, im Haus hat, und nicht darnach schicken darf. Eine kleine Ersparnis sammelt sich doch, und da Ihr jetzt ein Kind habt, so ist dies schon ein Beweggrund, mehr an sich zu halten ... Keine Sorgen sind drückender, als die der Wohlstand verursacht; denn dieser verbietet zugleich, sich nichts davon merken zu lassen, und da untergräbt ein innerer Gram alle Fugen der Gesundheit, lähmt den Geist und macht zu allem mißmutig. Ich zweifle nicht, daß Er, mein bester Sohn, Kredit und Ressourcen habe; aber es ist hart, sich durch Avancen in Verbindlichkeit zu setzen, wovon Er selbst schon die Erfahrung wird gemacht haben. Bei all diesem ist für Geist und Gesundheit kein besseres Mittel, als lebendiges Vertrauen auf Gott, welcher ja in den mißlichsten Vorfallenheiten Seines Lebens schon so oft auf die wunderbarste Weise geholfen hat. Dieser seiner alles erhaltenden Vorsehung empfehle ich Euch alle, küsse und umarme meine Lieben und bin Sein treu liebender Vater."

Und auch der Freund Körner meldet sich aus Dresden:

Dresden, den 22. September 1793

„Wohl Dir und Deinem Weibchen, daß Ihr nun auch in unserm Orden seid. Es ist eigner Genuß, ein solches kleines Wesen um sich zu sehen, das einem so nahe angehört. Wer diesen Genuß entbehrt, lernt den Wert des Lebens nie vollständig kennen. – Wir freuen uns herzlich, daß alles so gut abgegangen ist. Schreib' uns bald wieder, wie es in den sechs Wochen geht. – Wenn Du freie Wahl hattest, so verdenke ich Dir nicht, daß Du Ludwigsburg Heilbronn vorzogst. Es muß eine sonderbare Empfindung bei Dir gemacht haben, Dich wieder in Deiner Heimat zu sehen.

Wie heißt denn Dein Sohn? Schreib' hübsch umständlich über diese Dinge. Lebe wohl und grüße Dein Weibchen herzlich von mir

Dein Körner."

Das Jahr 1793 hatte freilich auch noch andere wichtige Aspekte für Lotte. Was sie so dringlich gewünscht hatte, ein Porträt ihres Friedrich zu besitzen, wurde jetzt in seiner Heimat Wirklichkeit.

Die Kinderfreundin Friedrichs, Ludovike Simanowiz, malte ihn, wie sie auf seine Bitten hin auch seine Eltern und dann Lotte gemalt hatte.

Schiller schrieb damals nieder:

„Jeder individuelle Menschencharakter hat wieder seine eigene Gattung. Diese augenblickliche Erscheinungsweise ist zum Teil zufällig, weil äußere vorübergehende Umstände darauf Einfluß haben, und weil sie nicht vom Charakter allein ausgehen, so können sie auch kein treues Bild desselben sein. Um dieses treue Bild zu erhalten, muß man das Innere und Bleibende von dem Zufälligen abzusondern wissen, man muß die Gattung oder das Generische dieser Individualität aufsuchen, und das nenne ich: ein Porträt individualisieren.“

Ludovike hatte als Kind mit ihren Eltern zeitweise im gleichen Lorcher Haus mit den Schillerschen gewohnt. Ihr Vater, Hauptmann Reichenbach, war ein Kamerad Caspar Schillers gewesen, und das Bildnis wurde denn auch, mit weiblichem Gespür und einer vertraulichen Einfühlung aufgefaßt, weicher, menschlicher als ein berühmtes Porträt, das der Jugendfreund Dannecker gestaltete: Er begriff in seiner Plastik das Geniale, das Unbedingte, das „Prometheische“ des geprägten Kopfes, und Ludovikes feinfarbiges Gemälde gab dem Freund zarte, leidende Züge, eine matte, besinnliche Haltung, etwas Gelöstes und Gelassenes, das Lotte wie ein freundliches Gespräch berührte, wie die Geste, die sie beobachtet hatte, als er seinen kleinen Sohn streichelte.

Die Bilder der Eltern, die Schiller so herzlich freuten, waren genauso sensibel erfaßt: Der Vater, stark und streng und nicht ohne Humor, gebräunt, wie es seinem Beruf in den herzoglichen Gärten zukam, und die

Mutter, warmherzig, geduldig, gütig und in sich sicher ruhend.

Lotte sagte lächelnd, als sie die drei Bildnisse beschaute: „Sie haben beide eigentlich kurze gerade Nasen, und deine schwingt sich heraus unter der Stirn wie ein Posaunenstoß unter einem Domdach – wo du die her hast, möchte ich wissen . . ."

Der Vater, Caspar, hatte seinem Sohn sein Bildnis geschenkt; noch heute ist es von ungemeiner Lebendigkeit, zeigt den ganzen Mann: den zähen zuverlässigen, von unabdingbaren Grundsätzen regierten Charakter, fromm aus Konvention und Überzeugung, autoritätsgläubig, zielstrebig, ehrgeizig – mit wenig Phantasie, aber origineller Intelligenz.

So drakonisch wie die Strafen beim Militär, die er in seinen Anfängen erduldet und später wahrscheinlich, dem Reglement nach, selber verhängt hatte, waren die des Vaters nicht gewesen. Dafür gab es in der Schule brutale Lehrer, Schlägertypen, die den gewiß nicht weichlichen, aber zarten Buben drangsalierten.

Starr, unbeugsam – das scheint der Vater Schiller. Aber ein ganz erstaunliches, ja tröstliches Licht fällt auf ihn, wenn er jetzt, als Schiller zum Professor ernannt, Hofrat geworden und in einer glücklichen – wahrhaftig glücklichen – Ehe sich bewiesen hat, schreibt:

„Ich muß jetzt zu meiner Demütigung bekennen, daß ich für meinen Sohn immer mehr Furcht als Hoffnung genährt habe, und das vornehmlich deswegen, weil ich ihn zur Erreichung seiner über meinen Horizont gegangenen Absichten niemals unterstützen konnte."

Vom Bild der Mutter wird der Sohn warm angesprochen, er sagt: „Wie sie uns alle ansieht und umfaßt." Er zeigt das Bild Lotte. Sie empfindet das Tröstlichzugängliche, das die Mutter dem Sohn mitgegeben hat, in ihrem guten Gesicht.

Schiller wirkt bestärkt in seiner schwäbischen Eigenart und doch beschwingt von der allseitig regsamen geistigen Luft in Jena. Lotte scheint eher beengt durch die stärker als vorher spürbare „Dunstglocke“ unter den familiären Bedrängnissen.

Sie sieht neben sich die bedrückte Karoline und empfindet so etwas wie ein Schuldgefühl gegenüber der Unglücklichen, wenn sie sich ihres eigenen Glücks bewußt wird.

Karoline hätte sich wahrscheinlich längst ganz von Beulwitz getrennt, wäre nicht die ständige, lau und leise spürbare Mahnung der Mutter gewesen, die ans Versorgtsein erinnerte, gelegentlich klagend, anklagend dem Schicksal und dem toten Vater gegenüber, der nicht genug hinterlassen habe, der krank gewesen war, auch krank übrigens – Anspielungen, die Lotte wehtaten und die sie vor Schiller sorgsam geheimhielt; ihm gegenüber wurden sie von der Mutter unterdrückt, zum Glück, und Lotte hoffte, daß es so bleiben würde.

Eines Tages frühmorgens, als Mutter Lengefeld und die Schillerschen noch schliefen, fuhr ein Wagen vor und nahm Karoline samt umfänglichem Gepäck mit: Wolzogen wartete irgendwo in der Gegend und beide, die Frau von Beulwitz und er, trafen zusammen und reisten zusammen und blieben zusammen – Affront! *Chère mère*, als sie den *fait accompli* entdeckte, war entsetzt, dann bekümmert, dann resigniert – und so kam es, wie beabsichtigt, daß Beulwitz in die Scheidung einwilligte, die im Grunde längst auch für ihn unumgänglich geworden war, da er allzulang in einer unwürdigen Lage verharrt hatte.

Schiller, der auch der Ehe seiner Schwägerin gegenüber skeptisch gewesen war, mag sich über die sprunghafte Entschließung Karolines geärgert, sie als neue Bestätigung seiner richtigen Wahl empfunden haben; freilich wurden in jener Zeit Ehe und Liebe durchaus nicht mehr als zusammengehörig betrachtet; die freie Bindung, die dem „echten Gefühl“ Vorrecht gab, wurde, wenigstens in den „gehobenen Kreisen“, still oder ausgesprochen anerkannt.

Karoline von Wolzogen

Standesunterschiede hielt man für gravierender — und daß Schiller seiner Lotte als „Hofrat" angetraut und sein Vater immerhin als Offizier in den Urkunden genannt wurde, war mindestens für die *chère mère* tröstlich.

Seltsame Zeit! Drüben in Frankreich wird der Adel abgeschlachtet, die jahrtausendalte „Gottbegnadetheit" zertreten, und für Schiller, der tiefer hinter die Zusammenhänge schaut, ist auch der Tod des „alten Herodes", seines schwäbischen Herzogs, das Ende einer Epoche.

Er lächelt eher über seinen durch das Bemühen Wolzogens erreichten Adelstitel, den auch Goethe erhalten hat. Was gemeinhin als undenkbar galt, war möglich: Die Verleihung hoher Orden und Titel durch Frankreich, unbeschadet der Franzosenfeindschaft und kurz vor dem Ausbruch der Befreiungskriege gegen Napoleon: Schiller erhielt wie Goethe das Kreuz der Ehrenlegion, auch wenn das deutsche „Sch" als „G" firmierte.

Frankreich, Paris galt dem deutschen Bildungsbürgertum noch immer als Zentrum der Kultur, der Philosophie, und Karoline las Montesquieu, Lotte bat sie, ihr ein Stück von Mirabeaus „Fêtes publiques" zu übersetzen, weil sie beide annahmen, es könnte für Schillers „Thalia" geeignet sein.

Wolzogen verfaßte eine Studie über die „Grenzen der Wirksamkeit des Staates", und Karoline schreibt darüber: „Bills Aufsatz geht von den Prinzipien aus, daß die Wirksamkeit des Staates positiv nur die Sicherheit der Bürger bewirken könne, und daß das ganze Dasein der Menschen sich am schönsten und untereinander am harmonischsten durch Freiheit entwickle . . .", ein Satz, der durchaus auch von einem der großen französischen Revolutionäre stammen könnte.

Daneben vermerkt Karoline, sie habe eben die „Metaphysik" und das „System" von Kant durchgearbeitet, und finde sich „so innig wohl und helle danach". Auch wenn man das „Durcharbeiten" nicht gleichsetzen mag mit dem völligen Verständnis, ist das erstaunlich, da es zeigt, wie weitgespannt Ansprüche und Ausblicke sind, zumal sie hinzusetzt, es gehe einem eine unbekannte Tiefe der Menschheit in dieser Schrift auf.

Wenn nicht bloß die Zeitgeschichte, sondern auch größere Zusammenhänge erfragt werden, paßt es dazu, daß Karoline an Lotte „etwas von Ariost" schickt.

Sie haben Shakespeare gelesen, sie diskutieren dramatische Ansätze, die bei dem und jenem stärker zur Wirkung kämen, Weltgeschichte, soweit sie vergangen und überschaubar ist. Die gegenwärtige ist zunächst ein wenig *degoutable* drüben in Frankreich, dann als Idee großartig, als Anreiz und Ansatz, vielleicht laienhaft begonnen, aber doch beachtenswert. Und endlich, mehr und mehr bedrohlich, dunkel grollend, und dann doch ernst genommen, das Blutbad, die Herrschaft der Wütenden, der große entsetzliche Untergang einer Welt.

Aber die kleine Welt setzt den Schillers zu, in der sie gefangen sind, Karolinens neue Bindung, die befürchtete Geldnot durch das Ausscheiden des geprellten Beulwitz, das Lamento der Mama, kleine Plänkeleien, die dennoch für Schiller bedrückend sind und seine heimische Atmosphäre vergiften, deren stärkende Reinheit er so nötig braucht.

Es mag sein, daß er instinktiv das Negative abstößt, fernhält, da er täglich und nächtlich mit dem würgenden Zugriff der Krankheit zu rechnen hat, einem Leiden, das man kaum genau zu umgrenzen und zu benennen versteht, dem man täppisch mit Aderlässen begegnet — denen schon viele erlegen sind, da sie wohl den vollblütig-überfütterten Großen wohltaten, ihm aber, dem Ausgezehrten und beständig über Gebühr Angestrengten, die Kraft minderten.

1794 schrieb er an den Freund Körner:

Ludwigsburg, den 3. Februar 1794: Ich lebe noch, und der ominöse Januar ist vorüber; also hoffentlich noch auf eine Zeitlang Frist. Auch befinde ich mich seit vierzehn Tagen um vieles leidlicher, als die vorhergehenden zwei Monate, wo die Hartnäckigkeit meines Übels mich beinahe gänzlich um meinen Mut gebracht hat. Schreiben konnte ich an keinen Menschen auf Erden, und selbst nicht an Dich, so teuer ich es auch bezahlt hätte, auch nur auf eine halbe Stunde Deines Anblicks froh zu sein. Bliebe ich nur so, wie ich jetzt bin ...“

„.... nur so, wie ich jetzt bin“ – dies immerwährende ungewisse Schaukeln zwischen Grund und Abgrund, ohne Sicherheit der körperlichen Existenz, der auch nur ungefähren Lebensgarantie – in jedem Sinn. Er schaut zurück, resigniert und manchmal verzweifelt, wo andere – vorab Goethe, einer überschaubaren Kraft, einer einigermaßen normalen Reserve vertrauten, und schließt aus dem Fazit auf eine beengte Zukunft, jetzt wo er nicht nur für sich selbst Verantwortung trägt.

Die „Räuber“ von 1781 waren der große, ermutigende Erfolg gewesen, danach die Flucht im nächsten Jahr mit dem treuen Streicher, Oggersheim, Bauerbach bei der Wolzogen. Und 83, 84 schon Theaterdichter, Mannheim, Leipzig danach, Dresden und Körners Freundschaft, die ihn schon 1785 in den Maurerkreis führt, 1787 Weimar, wo dann die „Geschichte des Abfalls der vereinigten Niederlande“ entsteht, und endlich, schon an Lottes Seite, das Riesenwerk der „Geschichte des Dreißigjährigen Krieges“ und kurz vor der Heirat die Bestallung zum – unbesoldeten – Professor für Geschichte und Philosophie; er lacht vor sich hin, denkt er an die kleinlichen Intrigen der Historiker an der Universität – und immer Geldnöte – immer Anfeindungen – er hat nicht das Charisma Goethes, nicht das Flair des „Sohnes aus großem Haus“, nicht die Unbekümmertheit und Selbstgewißheit des anderen.

Dann, endlich, Rettung und selbstloser Freundesdienst, das Stipendium aus Dänemark; und der erste Sohn, der Goldsohn, und der endlich unbekümmerter sich ausweitende Verkehr mit Goethe, Austausch, Disput, Anregung, und ein zweiter Sohn, Ernst, ganz seiner, ein ganzer Schillerscher, und der ist, so lieb er sie beide hat, ihm der Nähere.

Und dann der „fruchtbare Streit“ um die „Urpflanze“, der ihm Goethe näherbringt, der dem Gewaltigen seine, Schillers, gigantischen Gedankenbögen klarmacht und ihm Achtung, Freundschaft, das Bedürfnis nach Nähe abringt.

Schiller hatte Lotte den Brief an Körner vom Februar 94 nicht gezeigt, wie er überhaupt die vertrauliche Männerkorrespondenz nicht mit ihr teilt: getrennte Welten, Männergedanken, Philosophie, große Ideen der Politik, Einordnung in die Rubriken und Systeme. Und dann, für sie, Lotte und die Goldsöhne – denn inzwischen waren es zwei. –

Ernst hatte sich, zarter als der kompakte Karl, mit großen Schillerschen Augen, in die Familie eingefügt, die ganz andere Welt. Schiller streichelt die blonden Köpfe, die winzigen Ohren, die aufgefalteten Händchen, sieht, daß der Größere schon Ansätze zur kräftigen Derbheit hat, ein bißchen vom Forstmann-Großvater Lengefeld, scheint ihm, und vielleicht auch vom Soldaten Caspar, der sich keine zarthäutigen Greifwerkzeuge leisten konnte, bei seinem männlichen Handwerk.

Und er sagt, dieser da, der kleine, Neue, sei nun ganz sein Sohn, nicht der der Ahnen, und habe doch das edle, Adlige von ihr, Charlotte, das Gesicht, wie ihres zwischen den langen Locken, ins Kindliche, Winzige umgesetzt, knospenhaft, unaufgefaltet, aber schon deutlich geprägt.

Er hat einmal mit Goethe über solche Vorformen geredet, über solche „Falterflügel“, noch eingewickelt und ineinandergefügt wie Rosenblätter, auch so rosig.

Aber den kräftigen Bruder liebe er umsomehr, der die väterliche schwache Körperlichkeit verleugne. Der werde bestehen und sich durchsetzen und lachen und keine Probleme anerkennen.

Lotte lächelt; sie liebt beide Kinder, nimmt den Winzigen an die Brust, spürt eine beinah mystische Einheit mit dem zarten Geschöpf, wenn es glücklich Nahrung saugt, liebkosend, meint sie, obwohl doch ganz unbewußt.

Sie weiß, daß das die andere Welt ist, die untere, unbewußte, der Grund und die Erde, mit der sie auch den steilauffliegenden Geistesmenschen Schiller nährt und hält und erhält.

Es gibt eine nordische Sage, die der vom Prometheus verwandt ist: Das Weib des Loki, der am Felsen hängt und dem das Gift der Schlange in die Augen trieft, wenn das übervolle Gefäß den bösen Zufluß nicht mehr aufnehmen kann.

Und das Bild steht ihm jetzt ganz deutlich vor Augen, ein Bild der zuerst farblosen, sanft gefügigen Frau, die gewachsen ist, über sich selbst hinaus, und den Gefesselten, ans Leiden Geschmiedeten schützt, so lang sie kann.

Sie hat auch die Diskussionen um die Urpflanze, die Ergebnisse von Vorträgen der „Naturforschenden Gesellschaft" in sich aufgenommen, hat mit klaren Augen und kleinem Lächeln, nur aus den Mundwinkeln, die hochzuachtenden Goetheschen Ansichten ein wenig relativiert, sie hat die beiden miteinander ins Haus kommen sehen und nach ihrem Thema gefragt. Und sie hat das herrscherliche, unbeirrte Gesicht des Ministers mit dem blassen, von innen her leuchtenden des lieben Mannes verglichen, dem sie mit ihrem ganzen Wesen zugehört.

Einmal, als Goethe gegangen ist, erfährt sie erstaunt, wie das Gespräch sich entwickelt hat: Daß Goethe, dem man die größere Naturnähe und Lebenswärme zutraut, sich in die Idee, die Spekulation, das System verliebt hat, und Schiller, vorsichtig und freundlich formulierend, ihm entgegenhält, das alles seien Konstruktionen und keine Erfahrung.

Goethe sei fast verärgert gewesen, beeindruckt wohl, aber doch in seiner — ja, man möchte sagen — in seiner Eitelkeit gekränkt, berichtete Schiller später.

Aber er selber habe doch seine Überzeugungen nicht aus Unterwürfigkeit preisgeben können, auch wenn ihm

Goethes Mitarbeit an den „Horen“, ihrer beider wissenschaftlichen Zeitschrift, noch so wichtig sei.

Goethe hat sich also endlich doch der Überzeugungskraft des Jüngeren gebeugt, ist seinen Gedanken nachgegangen, hat ihn anerkannt und ihm einen — wie Schiller dazu schreibt — sehr herzlichen Brief geschickt, sich auch anderswo freundlich ausgesprochen.

Goethe lädt ihn dann nach Weimar ein, während Lotte mit ihren Kindern bei der Mama im Schloß wohnt.

Inzwischen hat Schiller, durch die Vermittlung seines früheren Carlsschullehrers Abel, einen Ruf nach Tübingen erhalten, den man wiederholt — leider wagt er nicht, ihm nachzugehen, da er Lotte nicht aus der geliebten Umgebung reißen mag.

1797 kauft er für 1150 Taler einen großen Garten mit einer Hütte, wo Schiller und Goethe, aber auch Lotte und die Kleinen den Sommer genießen wollen.

Es wird kein genießerisches Idyll, so friedlich sich alles zuerst anläßt: Der Garten, angelegt und weitergepflegt von einem geschickten gutwilligen Helfer, das Häuschen, das Lotte mit einiger Behaglichkeit hergerichtet hat. Denn unverhofft kommt eine Trauernachricht, Nanette, Schillers jüngere Schwester, die anmutig-kindliche, frohe Nanette, stirbt.

Und im Herbst muß sich der immer zähe, gesunde, unverwüstliche alte Caspar Schiller dem Ansturm eines Fiebers ergeben, an dessen Ernst er nicht glauben wollte, bis es ihn in Schüttelfrost und heißen Wirbeln, kreisend wie in einem aufgewühlten Meer, in die Bewußtlosigkeit hineinreißt, zum stöhnenden Greis entwürdigt — das fühlt er selbst — und endlich zu einem sinnlos lallenden, wimmernden Geschöpf, dem die zitternde Frau und die noch gesunde Luise helfen wollen, ohne viel tun zu können:

Luise ist selber schwach, spürt Fiebergeriesel über ihren Rücken rinnen, schaudert und weiß: Sie ist angesteckt von dem heimtückischen epidemischen Fieber, das die schöne Nanette weggenommen hat, und den Vater aufgezehrt.

Aber sie überwindet schließlich den Anfall, von der Mutter gepflegt. Sie sind alle froh, daß die bösartige Seuche Friedrich nicht ergreifen kann, den doch immer wieder Kranken, schwer Gefährdeten!

Schiller selber weiß jetzt, daß er ein Leidender bleiben wird, daß die „Krämpfe", die Leibschmerzen, die Hustenanfälle mit ihrer Luftnot und die widerwärtigen Darmspasmen ihn nie mehr loslassen würden.

Er will seinem elenden Leib noch abringen, was er irgend kann, er wird unter der schirmenden Hand seiner Lotte noch atmen dürfen, solang sein Hirn imstand ist, die Riesenentwürfe zu bilden, und seine Hand, sie niederzuschreiben.

Aber das immer lauernde Leiden macht ihn scheu, er empfindet etwa Goethes Zurückhaltung, seine Ansteckungsangst, die hypochondrische Vorsicht, die Frau Aja ihrem „Hätschelhans" anerzogen hatte. Er fürchtet, andere durch den Geruch der Krankheit abzustoßen, die Kinder anzustecken, Lotte zu quälen, obwohl sie immer wieder versichert, sie spüre und merke nichts als seine gute Nähe.

Seine Unsicherheit treibt ihn in eine Isolation hinein, die ihn kaum mehr zum Ausgehen ermutigt.

Der Vater ist tot; Schiller leidet mehr, als er selber erwartet hat, unter dem endgültigen Abschied, unter den Gedanken an den Tod, den Fragen nach der Unsterblichkeit — beide Väter, der leibliche und der — wie er's Lotte gegenüber ausspricht, der geistige, der Unterdrücker und Erwecker, der Herzog — sind in diesen drei Jahren gegangen . . . aber Lotte ist schwanger. Sie sagt es ihm, da er verzagt, zurückgenommen, zurückgedrängt — sich sogar vor dem Besuch Goethes scheut, den er so lange gesucht hat.

Dann läßt sie ihn allein, geht aus dem Arbeitszimmer, langsam die Treppe hinunter, und hat das Gefühl, als habe sie durch ihre Botschaft, die er mit feuchten

Augen dankbar angenommen hat, irgendwie ein Samenkorn auch ihm in das schattengequälte Empfinden gegeben.

Es ist vielleicht kein bewußter Zusammenhang, was bei diesem kristallklaren Logiker seltsam klingt, der ihn diese Botschaft als etwas Lichtes, Leichtes, Trostvolles aufnehmen läßt, aber er spürt wie weiche Flügelschläge Rhythmen, Verszeilen, sogar heitere Tonfolgen, er, der eigentlich unmusikalisch zu sein glaubt.

Unmusikalisch ist freilich keiner, der Lyrik schreibt, auch Goethe nicht, der ja oft zurückzuckt vor der allzustarken Berührung der Töne, der auch Beethovens Kompositionen später nicht gern erträgt.

So, schwingend, wächst in dem Gedankenmenschen Schiller das reine Musische wieder herauf, das unter den historischen Gedankengebäuden und den Dramenentwürfen geschlafen hat:

Er dichtet wieder, schreibt Lyrik.

Es waren auch die Freunde, die ihn entlasteten, Disharmonien ausglichen und aufhoben: Humboldt, der Hochgelehrte, und Goethes Freundschaft, die sich aus einer Achtung des genialen Denkers zur warmen Bewunderung des kreativen Genius ausgewachsen hatte, tat ihm wohl.

Das alles freilich unter einer ruhig verläßlichen, unerschütterten Strahlung, die ihm Lotte schenkt, und mit vielen kleinen glitzernden Lichtern, mit Kinderspiel und Lachen und drolligen Einfällen des rundbackigen Karl und des langsam heranreifenden, großäugigen Ernst, der nun auch schon tapsend in den Zimmern umgeht und allerlei ungewollten Schaden stiftet.

1799, drei Jahre nach Ernst, dem Ernstle, wie ihn der Vater nennt, wird Karoline Friederike Luise geboren, die nach der Tante und ihrem Vater heißt und, als Rufnamen, nach der Mutter Lengefeld, Luise.

Sie ist ein niedliches kleines Wesen mit einem hübschen Gesichtchen, Schiller freut sich, daß eine Tochter zu den Söhnen gekommen ist, etwas von dem sanfteren Element, das er in Lotte gesucht und gefunden hat:

„... sie flechten und weben
Himmlische Rosen ins irdische Leben."

Lotte erholte sich schnell, bloß der Säugling hatte Krämpfe und allerhand Schwierigkeiten, da er abgestillt war und sich langsamer als die Brüder an die fremde Nahrung gewöhnte.

Manchmal trug ihn der Vater ans Fenster, damit er Luft hole; sorgenvoll, wie er jetzt, mitten in poetischen Entwürfen, Balladenstoffen, Formproblemen, auch im Gedanken an die Zukunft der Kinder, politische Nachrichten aufnahm.

Es ist ihm selber bewußt, daß ihn der „Tageskampf", als wären's krause Steinchen am Weg, von den großen Ideenbögen ablenkt, als müsse er sie jetzt doch notgedrungen, hautnah, plötzlich wahrnehmen und einbauen.

„Die politischen Dinge", schreibt er nach Weimar, *„denen ich so gern immer auswich, rücken einem doch nachgerade sehr zu Leibe ..."*

Er hört durch Goethe, die Franzosen seien im Westen und Süden am Vordringen, und „nach allen Nachrichten gehen die sächsischen Regimenter weiter zurück. Die Österreicher weichen hinter die Donau, Würzburg soll zwölftausend Pferde stellen. Württemberg macht Friede und hat schon Waffenstillstand. Mannheim sei nahezu verloren."

Man ziehe dreißigtausend Mann aus Galizien und Böhmen herzu, und Frankfurt, wo viele Häuser zerstört seien, müsse acht Millionen Livres zahlen, Tuch und Zeug und Lebensmittel liefern.

Dafür sollte die Bevölkerung geschont, was wohl heißt, ohne Plünderung davonkommen.

Inzwischen sind ihm freilich Humboldt und auch – mehr und mehr – Goethe hilfreich nah, zumal die Zusammenarbeit an den „Horen“ die beiden Großen verbindet; die „Horen“ werden gelegentlich angegriffen, die „Dame Luzifer“, wie man Karoline Schlegel boshaft heißt, schreibt Parodien dagegen.

Diese Karoline Schlegel, die in vielem Schillers Widerpart und Gegenteil ist, da sie als frühe Romantikerin die Freiheit der Frauen verficht, die das „Drinnen waltet die züchtige Hausfrau...“ verwirft, veröffentlicht selber, übersetzt Shakespeare, versteht die Brüder Schlegel in vielem zu verbessern. Sie hat ein ungehemmteres Leben gelebt – und sich durchgesetzt, auch gegen die Konventionen.

Aber Schiller ist trotz allem glücklich, er besitzt Haus und Garten, er lebt auf eigenem Grund, er hat eine blühende Familie, es geht ihm besser, so gut wie es ihm mit allen seinen unheilbaren Leiden nur eben gehen kann.

Indessen ist Wilhelm von Wolzogen, der zweite Mann der Karoline nach der Scheidung von Beulwitz, nach Weimar gezogen; man ist sich nah und doch nicht zu nah. Die Wolzogens sind zufrieden, Beulwitz hat sich mit der Trennung abfinden müssen, die Karolines Flucht geschaffen hat.

Wilhelm ist häufig in Paris gewesen, als „Agent“ des Herzogs von Württemberg, er verhandelt und vermittelt und dokumentiert manches, was nicht für aller Ohren bestimmt ist.

Lotte ist, so bedenklich sie die Trennung von Beulwitz angesehen hatte, erleichtert, diese komplizierte Situation endlich gelöst zu sehen. Sie beruhigt die Mama außerdem mit dem Hinweis auf Schillers wachsende Berühmtheit, auf seinen Ruf, der für ein besseres Einkommen garantiere. Sie hält, soweit sie es kann, die kleinen Familiensorgen von ihm weg, auch die Kinderkrankheiten – Windpocken, die den zarten Ernst plagen, allerlei übliche Verletzungen und Verstauchungen, die sich der wilde Karl zuzieht.

Schiller schreibt im März: *„Die erste Bedingung eines glücklichen Fortgangs meiner Arbeit ist eine leichtere Luft, ich bin daher entschlossen, mit den ersten Bewegungen des Frühjahrs den Ort zu verändern und mir, womöglich in Weimar, ein Gartenhaus, wo heizbare Zimmer sind, auszusuchen."*

Endlich — Goethes Gartenhaus war nicht zu heizen — findet sich der Schmidtsche Garten, man atmet freier da draußen, die Nächte sind still: Schiller arbeitet am „Wallenstein".

Goethe ist in Jena. Gespräche über Balladendichtung ziehen sich stundenlang hin, „Der Taucher" entsteht, „Der Ring des Polykrates" — nach antiken Sagen, nach jahrhundertealten Überlieferungen. Es heißt, der große Staufer, Friedrich der Zweite, habe in seinem Wissensdrang, da er mehr über die Meerestiefen, vielleicht auch über die menschliche Atemfähigkeit erfahren wollte, einen berühmten Taucher, Nicola Pesce, mit dem Versprechen eines köstlichen Lohnes in die Tiefe tauchen heißen, einen, der oft schon geschickt wieder heraufgeschwommen sei — ein „Fisch", ein „pesce". Und die unvergleichlich formschöne, gedrängte Ballade sei in ihrer Wucht und Gewalt und dem lyrisch herrlichen Schluß — einem musikalischen, wie Goethe meinte, einer „Coda", wie es der Musikus Zelter nannte — für jeden, der „Ohren hätte, zu hören" . . .

> „. . . es kommen, es kommen die Wasser all,
> Sie rauschen herauf, sie rauschen nieder,
> Den Jüngling bringt keines wieder."

Aber alle lyrische Klangschönheit hat den Dramatiker nicht verdrängen können: Kurz, erschöpfend, alles einfassend und beschließend wie die Dramenschlüsse, ist auch dieser tragische Todesgesang: „. . . bringt keines wieder". Es ist das, was Lotte „zu Tränen stimmt".

Schillers Haus in Weimar

Schiller hatte die neue Bindung Karolinens nicht gern gesehen, sich aber mit dem Akademiefreund versöhnt. Die Wolzogenschen wohnten nicht weit von Schillers Domizil, der sein Gartenhaus — nicht zuletzt, weil es Lotte und den Kindern gefiel — sichtlich genoß. Die Geburt der kleinen Karoline Luise hatte Lotte recht gut bestanden — aber dann — vielleicht wegen des zu schnell abgesetzten Stillens — gerät die junge Mutter in eine schwere Krise mit Fieber und Delirien, und die üblichen Medikamente, die Dr. Stark verordnet, scheinen uns Heutigen seltsam: Moschus, Opium, Kampfer, Senfumschläge . . . auch Chinin.

Am bedrückendsten ist für Schiller und die *chère mère* Lottes Teilnahmslosigkeit, die der Bewußtlosigkeit gefolgt ist — eine Apathie, die wie eine tiefe Depression scheint und vier Wochen lang anhält.

Schiller wacht allnächtlich am Bett, selbst die Rätin Griesbach, sonst nicht mit vollem Vertrauen angenommen, setzt sich opferbereit ein. Endlich erholt sich die Wöchnerin.

Erst als der Arzt versichert, Lotte sei entschieden auf dem Weg der Genesung, hat der Dichter neuen Auftrieb, er arbeitet an der „Maria Stuart", auch dies ein hochpolitisches Thema, dem die Tragik der Elisabeth zwischen politischer Notwendigkeit und Menschlichkeit, freilich vom Weiblichen her gesehen, als eine Parallele zu König Philipps Rolle im „Carlos" seine Spannung gibt.

In Weimar bezogen die Schillers nun ein eigenes Haus, das der englische Schauspieler Charles Melish durch seinen Wegzug freimachte; er war ein Verehrer Schillers und hatte auch die „Maria Stuart" ins Englische übersetzt.

Am gleichen Tage starb Schillers Mutter. Sie hatte in Cleversulzbach bei ihrer Tochter Luise die letzten Jahre ihres Lebens verbracht, und wurde mit der Mutter Mörikes unter dem großen alten Baum begraben, der seine geschwungenen, verschlungenen Wurzeln um beide schloß, liebevoll saugend, weitertragend, als wüchsen die starken Stämme nur aus ihnen und aus den Leibern der Mütter, die den Söhnen Grund und Keim sind...

Schillers Mutter litt vielleicht an Krebs, jedenfalls wird berichtet, daß sie schon Monate vor ihrem Ende heftigste Schmerzen hatte; zwei Tage vor ihrem Tod ließ sie sich Schillers Medaillonbild geben und drückte es an ihre Brust. Ehe Schiller die Nachricht von ihrem Sterben erhalten hatte, schrieb er auf einen Brief seiner Schwester, der Pfarrerin Frankh, die die Kranke in Cleversulzbach pflegte:

Dein letzter Brief, liebste Schwester, läßt mich für unsere Theure Mutter keine Hoffnung fassen. Seit vierzehn Tagen schon habe ich der schmerzlichen Nachricht von ihrer Auflösung mit Furcht entgegengesehen und daß Du seither nicht geschrieben hast, ist mir eher ein Grund der Furcht als der Beruhigung. Ach, unter den Umständen, worin sie sich befunden, war das Leben für sie kein Gewinn mehr. Ein schneller und sanfter Hingang war das Einzige, was man für sie erflehen konnte. Aber schreibe mir, theure Schwester, wenn Du selbst von diesen traurigen Tagen ein wenig erholt bist, schreibe mir ausführlich ihren Zustand und ihre Äusserungen in den letzten Stunden ihres Lebens. Es tröstet und beruhigt mich, mich mit ihr zu beschäftigen und mir das Bild der theuren Mutter lebendig zu erhalten. Und so sind denn Beide hingegangen, unsere theuren Eltern, und wir Drei sind nun allein übrig. Laß uns einander desto näher sei, theure Schwester, und glaube, daß Dein Bruder, auch von Dir und Deiner Schwester noch so weit getrennt, Euch Beide innig in seinem Herzen trägt, und Euch in allen Vorfällen des Lebens mit seiner brüderlichen Liebe herzlich entgegenkommen wird. Aber ich kann heute nicht weiter schreiben. Schreibe mir bald einige Worte. Ich umarme Dich und den lieben Schwager aufs Herzlichste und danke diesem noch einmal für die Liebe, die er unserer verewigten Mutter bewiesen hat."

Bald nach diesem Brief kam die Bestätigung, die Todesbotschaft. Der Pfarrer schrieb: *„Möge der Himmel der theuren Abgeschiedenen alles... vergelten, was sie im Leben gelitten und für die Ihrigen gethan."* Und er fährt fort:

„Sie mein theurer Schwager, haben die Sorgfalt meiner Schwester für die Verewigten getheilt, und sich dadurch den gerechtesten Anspruch auf meine brüderliche Liebe erworben."

Übrigens ist kaum bekannt, daß auch sie, Elisabeth Dorothea Kodweißin, Schillers Mutter, gedichtet hat – freilich stand die Meinung der Zeit einer verseschmiedenden Wirts- und Bürgermeisterstochter mit Verachtung entgegen, und der Felscher Caspar hat kaum die zarte Natürlichkeit und feine Form verstanden, die sich in einem überlieferten Geburtstagsbrief an ihn finden läßt:

„O hätt' ich doch im Thal Vergißmeinnicht
gefunden
Und Rosen nebenbei.
Dann hätte ich sie Dir gewunden
Im Blütenduft den Kranz zu diesem neuen Jahr,
Der schöner noch als der am Hochzeitstage war.
Ich zürne traun, daß jetzt der kalte Nord regieret
Und jedes Blümchens Keim in kalter Erde frieret.
Doch eines frieret nicht, es ist mein liebend Herz.
Dein ist es, theilt mit Dir
Die Freuden und den Schmerz."

Ist's auch kein großer Atem, kein originelles Pathos, was einem da entgegenweht, so ist doch nicht einmal von der gebildeteren Frau Aja Goethe ein solcher Vers bekannt geworden.

Schiller bittet dann den Schwager um ein Andenken von der Mutter und freut sich, einen Ring zu erhalten, für sich und Lotte. *„Es ist das Wertheste, was er hätte für mich auswählen können, und wird mir ein heil'ges Vermächtnis sein."*

Vielleicht hat der Sohn als einen dunklen Schatten gespürt, was ihm das Datum dieses Todes eingab: Daß er sein letztes Haus bezog, als auch die Mutter in das ihrige gesenkt wurde.

Am 25. Juli 1804 wird Schillers jüngste Tochter, Emilie, geboren. Sie hat, so wird erzählt, die Anmut ihrer Mutter und die geistige Beweglichkeit des Vaters geerbt.

Indessen ist Schiller der Königin Luise und dem König Friedrich Wilhelm III. vorgestellt worden. Luise, die aus einer heiteren, manchmal ausgelassenen Prinzessin zur ernsten, beinahe tragischen Gestalt und zu Preußens Idol geworden ist, Mutter vieler Kinder, Gattin eines nüchternen, scheuen, introvertierten Mannes, der die Eskapaden seines haltlosen Vaters nur mit puritanischer Enge beantworten konnte – auch sie möchte Schiller in Berlin haben.

Der Ruf von dort mag ihm, dem oft aus dem Gewohnten Fliehenden, wie eine Rettung vor dem Todesort erschienen sein. Lotte hing an der Heimat. Vielleicht hätte Schillers Gespür für das Politische ihm in Berlin eine andere, größere Laufbahn eröffnet, größer im Sinn der augenblicklichen Wirkungen auf Volk und Heimat – beengter freilich, was die Gestalt seines Werkes angeht.

Schiller bleibt in Weimar.

Er ist nie der gelassene Arbeiter gewesen, konnte es auch nicht sein, denn die glühenden Aufschwünge verzehrten bei aller geistigen Disziplin seine Kraft, zumal er, so gewissenhaft und logisch, so wohlgeprüft und sorgsam er arbeitete, doch immer wieder Stunden und Nächte brauchte, in denen er ausgelassen schäumte, Champagner trank, unmäßig rauchte – im Gefühl, sich stimulieren zu können, vielleicht auch, um einen Lebensrest festzuhalten, der spürbar verglühte! „Wenn ich nur das fünfzigste Jahr noch erreiche . . .“

Charlotte spürt seine Angst. Sie ist voll treuen Eifers, ihm die Atmosphäre zu schaffen, die er braucht, um das zu werden, was er werden muß, was er – und sie mit ihm – als einen großen Auftrag empfindet, der noch zu erfüllen ist, gegen alle Widerstände unter dem schnellen Ablauf der Zeit und der drückenden Geldnot.

Bitterkeit wird wohl in Lottes Lächeln gelegen haben, als ihr Wolzogen den wertvollen Brillantring der Zarin bringt, die der „Don Carlos“ tief beeindruckt hatte, und Lotte ihn gleich, kaum empfangen, verkaufen muß, um die Schulden an die Mama zu bezahlen, auf die *chère mère* nicht verzichten wollte.

Einer von Goethes Verehrern hat sogar gemeint, ohne dem Großen von Weimar etwas abzustreichen, Goethe wäre zwar aus dem Nährboden und der „Schule“ seiner Herkunft erst dieser Olympier voll sicheren Maßes geworden, aber eine lebendige Wechselbeziehung zu seiner Familie habe es nicht gegeben. Man weiß, wie spärlich die Besuche bei seiner alternden Mutter waren, man weiß, wie locker und einseitig die Verbindung zu Christiane Vulpius blieb, die er eigentlich nie zur geistigen Gefährtin, zur Teilhaberin an seinen Erkenntnissen und Ideen erhoben hat.

Seine späte bürgerliche Bindung an sie war ja kaum mehr als ein – vielleicht aus Dankbarkeit und Rührung – dem gesellschaftlichen Brauch dargebrachtes Zugeständnis.

Die Familie als etwas Bergendes, beschwingend und entspannend, hat kaum einer der großen Männer des Kreises um Goethe sich so schaffen und erhalten können wie Schiller.

Lotte hat ihn nicht eingeschlossen, ihm keine Geselligkeit verekelt, da sie wohl sah, daß dieser so ausgeprägt männliche Mensch die Männerfreundschaft suchte und brauchte – zur Diskussion, zum Gedankenaustausch und zur Erprobung der eigenen blitzenden Logik.

Sie saß aufmerksam bei den Tischgesprächen, warf da und dort ein überlegtes Wort ein, schwieg (auch wenn Schiller sie fragend, auffordernd ansah), wo ihr Thema und Ton nicht gefielen.

Es gab kluge, gebildete Tischpartner, die sie auf das Geheiß ihres Mannes einlud, keine oberflächlichen Plauderer freilich: Der gescheite Fischenich, ein brillanter Briefschreiber, der junge Fritz von Stein, Goethes Lieblingsschüler, Niethammer und Wolzogen, der, wie der Dichter Salis, von den in Paris erlebten Schrecken berichtete. Und Friedrich von Hardenberg, den man als Novalis kennt, der Mystiker und Romantiker, nennt den so ganz anders gearteten Schiller „das vollendete Muster reiner Humanität, wie es seit den Tagen der Griechen nicht gesehen worden“ – und war einer der dankbarsten Zuhörer und Partner der Gespräche an Schillers Tafel.

Gespräche... Sie sind noch stärker, eindrücklicher und für immer in den Briefen dieser Freunde festgehalten worden, denn sie waren fast alle gute Stilisten, klare Denker, scharfe Beobachter. Kaum vorstellbar, wie wenig berührt vom großen Weltgeschehen das enge Weimar, das noch begrenztere Jena waren, und wie stark deshalb die wenigen ehrlichen Berichte aus dem revolutionären Paris auf den immer wachen Geist Schillers wirkten.

Da schrieb Wilhelm von Wolzogen an Lotte: *„Während Du mich in Paris glaubst, sitze ich noch ruhig und wohlbehalten in Stuttgart und tobe und stampfe, daß ich nur auf zwanzig Meilen Entfernung ein müßiger Zuschauer der großen Begebenheiten bin, die an der Grenze von Frankreich und in dessen Herzen vorfallen. Ich wünschte so sehr, bei dieser Gelegenheit in eine Tätigkeit zu kommen, die, wenngleich auch gefahrvoll, doch unterrichtend ist... Ich bin fast immer auf der Straße, ohne Plan, ohne besonderen Gegenstand schlage ich den ersten besten Weg ein, der mir am gangbarsten scheint. So war ich vor drei Wochen in Ludwigsburg... endlich kam ich ins Rheinländische, wo ich die Legion von Mirabeau antraf, und viele alte französische Bekanntschaften erneuerte...“* Er klagt dann über Lottes Schweigen und fährt fort: *„Ein paar Worte, wie Ihr Euch befindet, würden Dir doch nicht viel Zeit weggenommen haben, und mir manche Unruhe um Schillers Gesundheit erspart haben. – Jetzt hoffe ich, Du wirst mir ausführlich schreiben über alles, was Dich angeht, und mich so unendlich interessiert: Ihr seid so vorzügliche Menschen, Euer Umgang ist so fein und doch so herzlich, wie glücklich, wenn ich unter Euch leben könnte!“*

Karoline, die indessen mit Wolzogen in Paris war, schreibt – seltsam unberührt von dem französischen Umtrieb, an Lotte: *„... habe keine Sorge um mich. Man hat nicht das Herz, Wolzogen eine Sottise zu machen ... Ich sehe den Prinzen nicht, also bis dahin sage Du aller Welt, ich wäre in einem Bad am Rhein, oder in der Schweiz, wenn man nach mir fragt."*

In Paris scheint man nach Napoleons Staatsstreich durchaus auch Personen des Adels geduldet zu haben. Lotte liest erstaunt und beruhigt, daß Karoline schreibt: *„Bonaparte sah ich jetzt im Theater ziemlich deutlich. Sein Gesicht ist wunderbar ausgezeichnet und seine Bewegungen sehr graziös."*

Später, wieder in Stuttgart, schreibt Karoline freilich im Oktober: *„Das Gouvernement ist schändlich, jetzt kann ich's schreiben. Frankreich ist gar kein Staat, sondern ein erobertes Land, wo der Eroberer despotisiert. Keine öffentliche, legale Verwaltung, keine Spur von Rechtlichkeit. Alles stiehlt. Es wird aber auch nicht lange dauern, fürchte ich, und Bonaparte lebt immer in Todesfurcht."*

Ein paar interessante Künstler zählt Karoline auf, wichtiger wohl für sie als die politische Gefahr, die sie kaum als solche empfindet: Den Maler Füßli sieht sie, einen Schweizer, dessen mystische Bilder und Zeichnungen fast surrealistisch anmuten, er lebt in London und besucht manchmal das Festland – Alpträume und umgedeutete griechische Mythen, erotische Phantasien und seine eigenwillige beschwingte Darstellungsweise faszinieren Karoline.

Und den Bildhauer Dannecker trifft Karoline in Stuttgart, während er an der Büste des jungen Grafen Zeppelin arbeitet, die der Herzog Friedrich, der spätere erste württembergische König, zur Erinnerung an seinen „Liebling", wie Karoline schreibt, in Auftrag gegeben hat. – Die Plastik wurde 1804 in Ludwigsburg aufgestellt.

Aber „Schillers katharrhalische Zustände", die Karoline von Dacheröden, Humboldts Frau, in Briefen an

Dannecker, an der Büste Schillers arbeitend

Lotte so bedauert, haben sich nicht gebessert, es ist ein schwankender Zustand, eine immerwährende Ungewißheit, die ihn weiterpeitscht, und mit ihm seine Lotte.

Die großen Balladen entstehen, der Historiker regt den Gestalter an, der Dichter den Historiker.

Sie lesen zusammen „Das Ideal und das Leben", den – schon früh berühmten – „Spaziergang", „Die Bürgschaft": „Zuverlässigkeit, Treue, ohne Eigensucht", sagt sie und lächelt.

Und dann entsteht „Die Glocke", aus einer großartigen Idee, geformter Harmonie, bildet er im Arbeitsgang einer technischen Verrichtung das Leben ab, nicht nur das einzelne, die Geschichte, ihre psychologischen Abgründe – es ist Schillers Erlebnis der Französischen Revolution, die er begeistert und mitgerissen begrüßt und in ihren Auswirkungen enttäuscht, entsetzt erlebt – „Doch der schrecklichste der Schrecken / Das ist der Mensch in seinem Wahn"!

1799 entsteht der Riesenplan des „Wallenstein"; Karl ist sechs, ihm erklärt der Vater etwas von Soldaten und Trommeln, weil der Junge danach fragt, warum der Vater da auf dem Tisch Bilder von Trompeten und Trommeln liegen habe.

Beim Entstehen des „Wallenstein"; Karl ist sechs, erklärt der Vater etwas von Soldaten und Trommeln, weil der Junge fragt, warum der Vater da auf dem Tisch Bilder von Trompeten und Trommeln liegen habe.

Es sind Männer, männliche Helden und Zweifler, die Schiller ausdeutet, aber dann entstehen ihm auch „Maria Stuart" und die „Jungfrau von Orleans", beide idealisiert, überhöht um der Idee willen, der sie als Trägerinnen dienen: Auch das Motiv der „Maria Stuart" kreist wieder um die Frage, die ewige Schillersche, um das Dilemma zwischen System, Dogma, Notwendigkeit – und Menschlichkeit: unvereinbare Kontraste, Pole der echten Spannung, der Tragödie; in der „Jungfrau" schon ein mystisches Element, nicht mehr die Skepsis wie im „Carlos", sondern ungebrochener Glaube ans Transzendente, an die magische Macht der Jungfräulichkeit, an ihre Verletzlichkeit, und endlich ein Aufschwung, in dem die Historie nicht mehr gilt.

Goethe hat im „Egmont" die Vision der Freiheit in Clärchens Gestalt durch den Fieberkranken gesehen, aber Schillers „Jungfrau" steht wirklich inmitten ihrer Heiligen und Auftraggeber, scheint ganz real von ihnen gelenkt.

Freilich, das *„Hinauf, hinauf, die Erde bleibt zurück . . ."* ist ein Aufschrei der Sterbenden.

Auch Schiller läßt den Hörer und Leser glauben, er schwebe zwischen Hier und Dort, zwischen Dichtung und Wirklichkeit.

Daß die „Glocke" von den Neuromantikern verspottet wird, nimmt Schiller hin, Lotte ist ärgerlich, „erbost", wie es damals heißt – die Schlegelsche Rolle der Dame Luzifer dabei ist zu erwarten gewesen.

Die notwendige Lösung von der Schwester, von Karoline, geht Lotte immer noch nah – zu stark war sie durch die Lebhaftere, Lautere, Leuchtendere mitbestimmt gewesen, aber der Abstand zu Schiller, ihr so erwünscht, gab sich durch Karolines Bindung an Wolzogen von selbst.

Und Lottes Leben ist jetzt bestimmt und ausgefüllt von vier lebhaften, unternehmenden, mitunter ungezügelten Kindern.

Schiller will keine Marionetten, er mag, wenn er sich aus seinen Arbeiten reißt, keine pädagogischen Zwänge, keine drakonische Strenge, wie er sie selbst in der Carlsschule und auch beim Vater erfahren hat . . . er will das „freie anmutige Spiel der unverbogenen Geschöpfe".

Lotte selbst mag zwar eine nötige Ordnung eingeführt und – soweit es ging – durchgeführt haben, aber sie hatte Angst, die Kinder, deren Gesundheit vielleicht doch durch das Erbe des Vaters anfällig sein konnte, zu sehr einzuengen und zu plagen: So war's eine beinahe bohèmehafte, umtriebige Gesellschaft, vor der sich der Vater oft gerade noch ins Arbeitszimmer retten konnte – gefesselt freilich von seinem Thema, von seinen Gedankenbögen, die er mit scharfer Logik und seiner angeborenen Wärme und inneren Freiheit zeichnete.

Inzwischen war die Verbindung zu Goethe immer näher und ungezwungener geworden, Schiller fühlte sich sicherer, „ebenbürtiger“, und Goethe, schon durch die jahrzehntelange freundschaftliche Beziehung über Frau von Stein zu den Lengefelds, nahm einen vertraulichen „Onkelton“ an, der wohltat.

Es wird erzählt, er habe sich gelegentlich an kleinen Balgereien der Schillerschen Buben beteiligt und belustigt, und der handfeste Karl habe dem Herrn Minister einmal eine Ohrfeige versetzt.

Goethe war jetzt häufig in Jena, dachte mit gespannter Erwartung an die intensivere Zusammenarbeit, zumal ihm Schiller die Verbindung zu Cotta verschafft hatte, die immer mehr für beide von so großer Bedeutung wurde.

Als Schiller einmal die Geburt eines Kindes anzeigte, schrieb Goethe, vielleicht doch um die kleinlichen Anwürfe der Bürger zu parieren, von seinem jetzt mehrjährigen „Ehebund“. Freilich hat er sich nie so herzlich warm und rückhaltlos an seinen Kindern gefreut wie Schiller. Christianes Kinder wurden in der Gesellschaft als ein „Tabu-Thema“ behandelt, vier von ihnen starben früh, das sechste kostete sie das Leben.

August, der Erstgeborene, wuchs zu einem schwerblütigen, vielleicht sogar pathologisch belasteten Menschen heran, dessen Tod in Rom später zu vielerlei Gerede Anlaß gab – wahrscheinlich hat er sich das Leben genommen – die Sektion ergab eine Trinkerleber und „Anomalien des Gehirns“ – und der große Vater sagte: „Ich wußte, daß ich einen Sterblichen gezeugt ...“

Aber jetzt ist August wie die Schillerschen, ein Kind, ein Knabe, und wenn er später wieder in Lottes Leben eingriff, so war es eher ein trauriger Ausklang, und der Affront nur abgeschirmt durch Ernst von Schiller, den Sohn, der seiner Mutter beistand ...

Aber solche Schatten liegen noch in weiter Ferne. Die Briefe Lottes an ihren Mann und seine an sie spiegeln ein heiteres, fast gleichmäßig glückliches Leben, sie könnten ebensogut wie die Briefe aus einem genialen Kreis, aus einem durchschnittlichen Bürgerhaus stammen, aber sie gehören durchaus in das Bild Lottes, das sie mit einem freundlichen farbigen Glanz erhöhen, ohne es zu verkleinern – im Gegenteil. Es ist reizvoll, sich vorzustellen, wie etwa Karoline von Wolzogen diese Rolle ausgefüllt hätte – die unstet-genialische, die freilich auch Mutter wurde und in ihrem kleinen Adolf eine überschwenglich gefeierte Erfüllung ihres Lebens sah.

Ohne Kommentar seien die Briefe Lottes wiedergegeben, in denen sie von den Kindern berichtet.

(3. September 1794) „Der kleine liebe Sohn ist wohl und freundlich und ist ziemlich bekannt hier (Rudolstadt). Unterwegs war er nicht so ruhig als auf der großen Reise und weinte, wenn er stand, daß er keinen festen Tritt fassen konnte. Er sieht sich immer sehr um, wenn ich frage, wo ist Papa."

(4.September) „Der kleine liebe Sohn wird nun bald noch Zähne bekommen, auch im Schlaf greift er sich in den Mund. Er ist gar artig, alle Morgen weckt er mich und legt sein Köpfgen so artig an, bis auf die Garde-Reiter vor den Zimmern, und freut sich sehr über alle Hottos."

(10. September) „Heut hat er Papa gesagt, er ist gar freundlich und macht es allen Tieren nach. Alle haben ihn lieb; er legt sein Köpfgen so artig an die chère mère, wenn man fragt wo ist Großmama. Übrigens schlägt er auch oft, und hat letzt die Herzogin geschlagen und macht mit niemand Complimente."

(17. September) „Er ist wohl, der kleine Schaz und sagt jetzt ordentlich Papa. Die chère mère hat ihm einen schönen Fallhut geschenkt zum Geburtstag, von blauen Atlas, aber es ist keine Möglichkeit ihm aufzusezen, weil er ihm gleich wieder abwirft. Ulricke hat ihm ein Pferdchen und Peitsche geschenkt, da ist er sehr glücklich gewesen, und hat immer hotto gerufen und gepeitscht, heute mit dem frühen, frühen Morgen hat er schon wieder über sein Hotto gelacht."

(19. September 1796, an Schillers Mutter.) „Möchten Sie die beiden kleinen Enkel sehen und sie Sie aufrichten können. Karl hat nun sein drittes Jahr zurückgelegt und macht uns mit jedem Tag mehr Freude; auch der kleine Ernst fängt an stärker zu werden und munter; er war sehr schwächlich und ists noch, aber doch ist er munter."

(14. Juni 1798) „Das Ernstgen sehe ich immer und jedes Kind das ich sehe von seinem Alter, rührt mich. Der Herr Karl schreit und springt mit dem Prinz vor der chère mère ihren Fenstern herum und ist sehr lustig."

(10. April 1799) „Der Herr Karl jammert sehr, daß der Papa fort ist und den schönen Regenbogen nich gesehen hätte diesen Abend. Der Ernst ist schon ein paarmal böse und gut gewesen heut und hat sich auch über den Regenbogen gefreut und die grüne Farbe."

(7. März 1800 an Friederike von Gleichen.) „Die Kinder sind wohl und freuen mich sehr. Dein Patchen (Karoline) ist sehr hübsch und wird dir Freude machen. Es ist gar ruhig und still und schreit nicht unnötiger Weise, wie manche Kinder oft thun. Ich bilde mir ein, es hat einen Blick von der Fürstin, so ein reines Gesicht und einen solchen Ausdruck hat es jetzt. Mir wäre es lieb, wenn es diesen Zug behalten könnte."

(17. Mai) „Das Ernstli ist gestern mit mir herumgezogen und ganz ernsthaft und feierlich neben der Herzogin hergegangen. Es spricht sehr oft vom Papa, und wenn er eine Kutsche sieht denkt er du kämst wieder. Der gute Karl hat eine große Sehnsucht dich zu besuchen und ich habe ihm gestern den Wald gezeigt, wo du wohnst. Da freute er sich sehr."

(18. Mai 1800.) „Ernst und Karl sind wohl, der gute Karl hat die größte Sehnsucht zu sehen was der Papa macht. Das Ernstgen läßt sagen Papa solle herkommen. Es lärmt recht im Haus herum. — Das kleine Schäzgen lacht den ganzen Tag, vom Fieber spürt es gar nichts."

(29. Mai.) „Der Ernst grüßt sehr schön den Papa und der Karl. Das Kleine lacht den ganzen Tag."

(9. Juli.) „So wohl es mir hier ist, so fehlst du mir doch Lieber, und mein Karl und das kleine liebliche Kind. Der Ernst

ist wohl und artig. Er ist sehr umgänglich und folgt recht. Du wirst denke ich mir seine Entwicklung auch fühlen."

(7. März 1801.) „Die Kinder sind wohl und das kleine Liebchen benützt deinen Sopha, an dem es heute und gestern recht herumspaziert ist, und bald Mut hat allein zu gehen. Es ist heute vom Sopha zum Stuhl ohne Widerspruch gewandelt, und hält sich sehr leicht nur an."

(10. März) „Die Kinder sind wohl und der Karl hat gestern angefangen Latein zu lernen. Der Ernst ist lustig und hat sich seine Krause an dem Hemd zerschnitten in voller Lustigkeit und sich sehr naiv geäußert, warum er es gethan. Das kleine Liebchen ist auch wohl, und zieht herum in der Luft, und sie bekommt ihm wohl."

(18. März.) „Die Kinder sind wohl, das Liebchen sagt jetzt Papa recht ordentlich und ganz freiwillig. Karl ist fleißig und gut und recht folgsam und artig."

(21. März 1801.) Das kleine Liebchen ist wohl. Es hat große Fortschritte im Gehen gemacht und geht an einer Reihe Stühle ganz allein. Auch sagt es Papa. Wenn du wiederkömmst so wird es dir hoffentlich entgegengehen können, wenn es so fortmacht."

(5. Juni 1802, an Luise Frankh.) „Karl ist sehr hübsch und gut und brav, leicht und fröhlich; ich hoffe aber, da er weich ist, so wird, wenn die erste Jugendwildheit vorüber ist, er doch herzlich und teilnehmend werden; er ist sehr liebenswürdig, und alle, die ihn sehn, haben Zuneigung zu ihm. — Ernst ist auch ein Kind, wie es wenige giebt; er ist klug und gut und sehr vieler Anhänglichkeit fähig; er hat nicht das Einnehmende für jedermann wie Karl, denn er ist scheu; aber uns, die er kennt, liebt er zärtlich. — Die kleine Karoline ist gut und sanft und freundlich, wie es wenig Kinder gibt; sie liebt alles nur zu sehr; doch es verliert sich nach und nach diese zu große Anhänglichkeit; sie würde sonst nicht glücklich werden."

(21. August 1804.) „Die Familie ist wohl, die kleine Emilie schläft ruhig und schreit weniger und ist behaglich, Caroline ist wohl und plappert nach ihrer Weise."

Und auch aus den Briefen Schillers spricht eine gemütvolle Zärtlichkeit, wenn er an seine Kinder denkt, wie sie dem Schwaben Schiller von Natur aus eigen sein mußte.

Wie anders er gelegentlich auf Fremde wirken konnte, erzählt etwa Jean Paul, der ihn „felsigt und schroff“ nennt – freilich edel in jedem Zuge – wie denn auch Goethe sagt, Schiller verkläre und veredle, was er berühre ...

Lotte späht natürlich in den kleinen Gesichtern ihrer Kinder nach Ähnlichkeiten mit dem geliebten Mann, sie bittet in einem reizenden mütterlichen Brief an den Freund Fischenich: *„Nun empfehle ich Ihnen auch den kleinen Schiller“* (gemeint ist Karl) – *„lassen Sie ihm auch einen Teil Ihrer Liebe zukommen ... aber wenn ich ihn beschreiben wollte, würden Sie mich doch immer der Parteilichkeit beschuldigen können. Soviel ist aber gewiß, daß er so hübsch für sein Alter ist als er nur sein kann. Er ist schon recht wohlgezogen und macht so ernsthafte Gesichter, als wenn er Pläne zu Trauerspielen in seinem Köpfchen herumtrüge. Er hat die Gesichtsfarbe von Schiller und wird wahrscheinlich blond bleiben. Meine Nase und meinen Mund hat er, dächte ich; er ist schon ziemlich groß, nur freilich sieht es noch aus, als hätte er kein Interesse an der Welt als sein Essen. Im Besitz meines Kleinen ist mir ein großer Schatz geworden und ein Glück, das ich vorher nicht ahnen konnte ...“* Und sie fährt fort: *„... ich fühle mich so reich in Schillers Liebe und im Besitz des kleinen Karl!“*

Charlotte ging freilich nicht in putenhafter Engigkeit auf, nahm durchaus an den Gedanken ihres Friedrich teil, vermittelte oft, gab Wärme und Gelassenheit hinzu, wo eine verstandesklare Kühle zu herrschen begann, und Goethes kleine Billetts an sie, Einladungen und Gefälligkeiten – er schickt ihr den Schlüssel zu seinem Garten, lädt sie und die Kinder zum Essen, Schiller gelegentlich zum Übernachten ein – zeigen seine Achtung für sie.

Mitunter ließ er auch seiner Ungeduld, seinem Überdruß freie Bahn, wenn er etwa nach Herders Tod über den sich häufenden Geschäften seufzte: Er möchte sich am liebsten mit Herder begraben lassen ... und einmal, in einem Brief an Lotte, heißt es aufschlußreich: *„So lebt denn fort dies Leben der Liebe und Treue! Alles andere ist trauriges Wesen ...“*

Lotte erfaßt – und Goethe spürt das wohl – Schiller's Wesen in einer Tiefe, wie kaum ein anderer Mensch. Sie läuft nicht neben ihm her, naiv, Verständnis heuchelnd, nur auf ihre weiblichen Fähigkeiten ausgerichtet. Kein „Weib", wie Schopenhauer sie genannt hätte, der aus der Unfähigkeit zur echten Bindung seine gehässigen Angriffe gegen das andere, „männerverderbende" Geschlecht herleitete und dennoch nicht auf vielerlei wechselnde und recht handfeste Frauenbeziehungen verzichten konnte. Mag sein, daß es die bitteren Erlebnisse seiner Kinderzeit durch eine ehrgeizige, herbe Mutter gewesen sind, die ihm anhingen. Man rühmt Schopenhauers Mutter ja nach, sie habe Christiane Vulpius eingeladen, nachdem sie Goethes Frau geworden war (aber warum nicht vorher schon? fragten ein paar helle Köpfe in Weimar).

Goethe, der Zurückgekehrte, hat sich seit Italien gewandelt. Er ist der Weimar-Jenensischen Zensur entrückt gewesen, dem Hofklatsch, den beobachtenden, kritisierenden Kreisen und Kreislein, die ihn und Frau von Stein (und ihn und Christiane und wen noch) in ihre kleinlichen Gitterställchen sperren wollten; er hat durch Christiane körperliche und seelische Befreiungen erfahren, hat in Italien Kunst, die edel geschwungenen Linien der Antike erlebt, die Freiheit, sich der sinnlichen Schönheit naiv zu ergeben, ohne Rücksicht auf Etikette oder Karriere.

Und die kaum zu schildernde Atmosphäre Italiens hat er, dem sie bisher nur in Theorien und Abbildern nahegekommen war, eingesogen, die herrlich selbstgewisse, schwingende Luft, vollgesättigt von den Empfindungen vieler Generationen, im Anblick des Meeres, „goldenblasses Meer, in dem alle Türkise sich lösen" – wie es die Heutigen einmal sagten.

Daß er jetzt der menschlich tief verletzten Frau von Stein gelassener entgegentrat, ist aber auch Lotte zu verdanken, ihrer freundlichen Beherrschtheit, die sie zuletzt auch Christiane gegenüber übte.

1794 war der Freiherr von Stein gestorben, der nach einem Schlaganfall lang gelähmt gewesen war, in einem

Zustand, den Lotte nur zu genau bei ihrem Vater miterlebt hatte.

Lotte von Stein schrieb an Lotte Schiller: „*Daß mein Mann ... endlich aus seinem traurigen Zustand erlöst worden, werden Sie vielleicht schon wissen ... Nun habe ich allerhand in Ordnung zu bringen und dann auch zu sterben.*“

Sie macht sich eingehend Gedanken über Lottes Finanzen, deutet an, daß eine Witwe recht schlecht versorgt sein würde, und meint, in Schwaben wäre für Schiller wohl eher gesorgt worden.

Und in einem weiteren Brief aus dem Jahre 1794:

Den 5.

Die Nacht sah ich die liebe Freundin im Traum; Sie sahen freundlich und hübsch aus und hatten gar ein schönes Kleid von Tarlatan an mit einer bunten Kante, das Ihnen sehr gut stand. Aber es war, als wären Sie Lottchen Lengefeld, vom kleinen Sohn und Schiller sah ich gar nichts; ich bitte Schiller deswegen um Verzeihung. Weiter im Traum sah ich auch ohne Beziehung auf Sie Schiller, als wäre er in einer Freimaurergesellschaft; er kam eben, als ich ihn hinwegrufte, der übrigen Gesellschaft ein Spielchen zu lehren. Sehen Sie, so sind doch wenigstens meine Träume so gefällig, mich in meiner Freunde Gesellschaft zu versetzen, wenn die Weite mich trennt.

Den 6.

Unsern Herzog erwarten wir den 15. dieses, wenn ihn sein gutes Glück bis dahin am Leben erhält, denn die Franzosen sind immer auf den Beinen, und den 29. und 30. November sind blutige Gefechte vorgefallen. Sehr hat mich der General Kalkreuth gedauert, der vielleicht nunmehro todt ist, denn der Herzog schrieb, er sei sehr verwundet. Abgerechnet, daß er ein guter General ist, so ist er auch ohne dies ein sehr liebenswürdiger Mann. Daß ich nichts meinem Herzen ganz Nahes im Kriege habe, ist mir sehr lieb; ich begreife nicht, wie man's ertragen kann. Ist denn Schiller wohl jetzt ganz über die französische Revolution bekehrt, und darf ich wohl jetzt den Nationalconvent Räuber nennen, ohne daß er sich wie schon einmal darüber entsetzt? Es ist mir lieb, daß er ein Deutscher ist, sonst wäre er dennoch schon lang unter der Guillotine; denn wo nur ein edler Blutstropfen ist, den vertilgen sie.

Tausend Grüße an Schiller. Was hat er jetzt für Aussichten? Ist denn nicht vielleicht ein Glück für ihn in seinem Vaterland zu machen? Ich bin dann und wann sorglich für Sie beide, doch Sie haben alle beide einen guten Schutzgeist.

Charlotte von Stein denkt also freundlich an die Zukunft der kleinen Familie, besorgt an Schillers Gesundheit und auch an seine Einschätzung der Französischen Revolution . . . sie geht mit Ahnungen und Träumen um, eine zarte, verbrauchte Frau, weich und stolz zugleich, und es mag sein, daß die Visionen und die „tiefen Blicke", die Goethe nennt, von ihr entzündet worden waren:

„Warum gabst du uns die tiefen Blicke,
Unsere Zukunft ahnungsvoll zu schaun,
Unserer Liebe, unserem Erdenglücke
Wähnend selig nimmer hinzutraun?
Warum gabst uns, Schicksal, die Gefühle,
Uns einander in das Herz zu sehn,
Um durch all die seltenen Gewühle
Unser wahr Verhältnis auszuspähn?
Kanntest jeden Zug in meinem Wesen,
Spähtest, wie die reinste Nerve klingt,
Konntest mich mit einem Blicke lesen,
Den so schwer ein sterblich Aug durchdringt;
Tropftest Mäßigung dem heißen Blute,
Richtetest den wilden, irren Lauf,
Und in deinen Engelsarmen ruhte
Die zerstörte Brust sich wieder auf.
Hieltest zauberleicht ihn angebunden
Und vergaukeltest ihm manchen Tag.
Welche Seligkeit glich jenen Wonnestunden,
Da er dankbar dir zu Füßen lag,
Fühlt sein Herz an deinem Herzen schwellen,
Fühlte sich in deinem Auge gut,
Alle seine Sinne sich erhellen
Und beruhigen sein brausend Blut!
Und von allem dem schwebt ein Erinnern
Nur noch um das ungewisse Herz;

Fühlt die alte Wahrheit ewig gleich im Innern,
Und der neue Zustand wird ihm Schmerz.
Und wir scheinen uns nur halb beseelet;
Dämmernd ist um uns der hellste Tag.
Glücklich, daß das Schicksal, das uns quälet,
Uns doch nicht verändern mag!

Schon da, noch ehe sich die bittere Trennung vollziehen konnte, schreibt er: *„... Wähnend selig nimmer hinzutraun"* Und: *„... unser wahr Verhältnis auszuspähn"*.

Es ist, als wollte er ihr vorsichtig bedeuten, daß es keine Sicherheit geben könne, daß diese Liebesbeziehung, die auf den „Gefühlen", den „Seelentiefen" und edlen Schwärmereien gegründet schien, keinen Bestand haben werde.

Und vor seinen Augen steht das unbedingte, unerschütterliche Wesen Charlottes, der anderen Charlotte, die er als Kind schon freundlich-zärtlich umsorgt und beobachtet hatte.

Aber jetzt, mitten in der wimmelnden, lustigen, weinenden und lachenden Kinderschar, ist Schiller trotz allem Glück der Gefährdete, und Goethe sieht das auch.

Er hört, so verhalten Lotte über ihres Mannes Leiden spricht, ihre Angst heraus, und Schiller meidet mehr und mehr die anstrengenden Gänge, die nächtliche Trinkerei und den starken Tabakgenuß. Er meidet sogar das enge Zusammensein mit seinen Kindern, küßt sie — Goethe sieht es — nur aufs Haar, auf ihr weiches gelocktes Haarpelzchen, wie er's nennt, oder streichelt die runden Hände.

Lotte erfaßt das mit einem großen Mitleiden und versucht für sich, jede Scheu, jede Vorsicht zu unterdrücken. Es wäre ja seine Krankheit, die sie teilte, und sein Leiden, das sie ihm — vielleicht — abnähme; ach, aber sie muß doch für ihn gesund bleiben, und für seine Kinder!

Man wußte aus Erfahrung, daß der „Anhauch der schädlichen Ströme", der „bösen Zuflüsse" sich vom einen zum andern übertragen könne; wie das geschah, wußte man aber noch nicht.

Goethe jedenfalls hatte einen unüberwindlichen Horror vor Siechtum und Sterben, er vermied mit mimosenhafter Scheu alles Ungesunde, er konnte den Anblick der leidenden Kreatur nicht ertragen.

Tiere, wenn sie nötig waren, Pferde zumal, mußten hingenommen werden.

In Schillers Haus lebten die wohlgehaltenen Kreaturen und bevölkerten nicht nur Stuben und Küche, selbst die Briefe galten sorgenvoll ihrem Ergehen: „Grigri", der Hund, und „die Infantin", die geliebte Katze, hatten ihr Schüsselchen neben dem Herd, so sauber Lotte auch – nach der Art der *chère mère* – Wohnung und Kammern hielt, schon um des zarten Mannes willen.

Sich selber schonte sie nicht, sie tat, was getan werden mußte, aber schließlich hustete sie auch. Schiller sorgte sich um sie, er schrieb ihr von einer kleinen Reise: *„Es tut mir recht leid, wenn ich Dich heute wieder nicht sehen sollte, und doch kann ich bei der großen Hitze das Ausgehen nicht anraten."* (Es ist heißer August, und ein bißchen ist er immer noch Arzt!) *„Vielleicht"*, fährt er fort, *„holt Goethe mich diesen Abend im Wagen ab und ich kann Dich alsdann in der Stadt sehen. Gestern Abend war ich Dir näher, Goethe fuhr mit mir spazieren, und wir aßen in seinem Garten draußen. Ob es gleich kühl war, so hat es mir doch nichts geschadet. Lebe wohl, liebe Maus, halte Dich nur ruhig, küsse die Kinder!"*

Es klingt wie der Liebesbrief eines Jungverlobten – *„und ich kann Dich alsdann . . .sehen"*, und nicht etwa wie der eines langjährigen Ehegatten.

Indessen geht es Lotte besser, sie erholt sich von einer nicht allzuschweren Erkältung, sie dichtet, einige kleinere Titel bringt sie, von Schiller redigiert, heraus, und die „Erinnerungen aus den Kinderjahren", ein bißchen Tagebuch, einen Schwank, den man in der Weimarer Gesellschaft mit vielem Eifer aufführen wollte, aber der Bürgermeister versagte dem Unternehmen den Saal.

Es hatte um den berühmten Herrn August von Kotzebue einen Wirbel gegeben, da der – ein oft gespielter Vielschreiber seichter Stückchen – sich mit einer betonten

Schillerehrung an Goethe rächen wollte, der ihn nicht in die berühmte „Mittwochsgesellschaft" aufgenommen hatte.

Schiller selber war erleichtert, den zudringlichen Dichter auf diese Weise abzuschieben. Kotzebue, der Besitzungen im Zarenreich hatte, war eine der eigenartigsten Gestalten seiner Zeit — vielbeachtet und weit häufiger gespielt als Schiller und Goethe, interessant wegen seiner Gefangenschaft unter dem Zaren Paul, nach der er ein weitverbreitetes Buch („Das merkwürdigste Jahr meines Lebens") verfaßte, über seine unverhoffte Verhaftung und Verschleppung, die nach dem russischen Thronwechsel mit einer ebenso unbegründeten Freilassung endete.

Er erregte den Zorn der studentischen Burschenschaften und wurde später, 1819, von dem fanatischen Theologiestudenten Sand erdolcht.

Man dichtete „allenthalben" in Weimar und Jena und drum herum, es gehörte wie ein Gesellschaftsspiel zum guten Ton, Verse zu machen, Liebhaberaufführungen zu arrangieren, Parabeln zu schreiben, Sinnsprüche zu veröffentlichen. Man nutzte seine verwandtschaftlichen und gesellschaftlichen Beziehungen, um gedruckt zu werden, und da „man" viel ins Theater ging, wurde solche Musenbeschwingtheit hilfreich angeregt; daß es auch Shakespeare und Calderon waren, daß man bedeutende Dichtungen auch im Originaltext las, gab dem Zug des Spielerischen etwas Gewichtiges und Ernsthaftes.

Schiller sah die „dichtenden Frauen" nicht durchaus gern, höchstens insoweit, als sie „himmlische Rosen ins irdische Leben flochten", und seiner „kleinen Maus" zuliebe redigierte er auch ihre anmutigen Briefe — nicht etwa die spontanen warmherzigen Zettelchen, wie sie Schiller und Lotte tauschten, sondern Briefe, die eigentlich Epistel zum Zweck der späteren Drucklegung waren, Dokumente; und gelegentlich behandelte man darin auch Zeitereignisse, wenn auch erstaunlich selten.

Fritz von Stein, Goethes Lieblingsschüler, hat Lotte gelegentlich von solchen Ereignissen unterrichtet: *„Im hiesigen Wochenblatt habe ich gelesen, daß ein paar Pulverthürme in* *die Luft gesprungen, das ist Ihnen sicher kein angenehmer Spaß gewesen, ich hätte aber wohl mögen aus Neugierde dabeisein; auch steht darin, daß eine Räuberbande von 1000 Franzosen in der Gegend von Langensalza sich aufhielten, und daß aus Erfurt Mainzische Soldaten dahinbeordert wurden, um den sächsischen zu Hilfe zu kommen, gegen sie.*" Ein bißchen kindlich mutet der Erguß des jungen Stein an, der, als er so schrieb, schon ein Mann war.

Seine Mutter war die allgegenwärtige Charlotte von Stein, geborene von Schaardt, die so vielfach und lebhaft mit den Schillers und Lengefelds umging, und deren schmerzliche Verletztheit durch Goethes „Abgleiten" – wie sie meinte – auch Lotte mitfühlend erlebte: Seelenliebe, schwärmerische Freundschaft, die endlich doch eine Seelenfolter geworden war und sich totlaufen mußte.

Es ist das Jahr, in dem Schillers kleine Tochter Emilie geboren wird, am 7. August ist das Kind von einigen hochadligen Paten zur Kirche gebracht worden, die eine christliche Erziehung verbürgten, zwei Fürstinnen, eine Gräfin und die nächsten Verwandten sind ins Register eingetragen: Ein für den Rang des Vaters sichtbares Zeichen, das *chère mère* befriedigt und stolz registriert. Adel wird langsam, so darf man's erkennen, nicht nur durch Herkunft bestimmt, sondern auch durch geistige Bedeutung – das Wort „Leistung" wäre zu mißverständlich.

Goethe als Patriziersohn, dann als Minister, ist schon früher zum großen Titel zugelassen und bei Hof eingeladen worden, Schiller erst ein paar Jahre vor dem Tod.

Es gab eine blitzende Reihe von Bällen und Assemblées zur Feier der Ankunft der jungen Prinzessin Maria Pawlowa, deren Heirat man Wolzogens Diplomatie verdankte. Sie war allerseits beliebt und wurde glänzend gefeiert. Schiller schäumte dann manchmal vor fröhlichem Übermut, Lotte feierte mit, mitunter besorgt seine Gesundheit bedenkend oder eher noch seine Krankheit, die er oft vergessen wollte.

Auch Goethe war krank gewesen, eine Nierenkolik – Mahnung und Warnung – hatte ihn wochenlang gequält.

Als die beiden, die sich jetzt gegenseitig unentbehrlich fühlen, wieder zusammenkommen, ist es ein gerührtes, tief empfundenes Aufatmen, Goethe denkt, ohne es zu erwähnen, erschrocken an den Schreibfehler, der ihm bei seinem Neujahrsglückwunsch an den Freund unterlaufen ist: „Zum letzten Neujahrstag“ hat er gratuliert.

Schiller schreibt wieder einmal, daß er sich über sich selber wundere, wie wenig ihn die Zeitgeschichte berührt habe.

Aber es ist die immer wiederkehrende Zweiheit, wie sie Schiller auch im Riesenaufbruch der Phantasie und der unerbittlichen Zensur seiner Logik leistet.

In dieser letzten Phase seines Lebens gehört sein brennendes Interesse der Geschichte, dem Theater, auf dem sie dargestellt wird, den Studien, mit denen er „die Realität“ erforscht und erfaßt und – seltsame Konstellation – in der ertasteten, erspürten Realität eben gerade Poesie erkennt. –

„Was wir als Schönheit hier empfunden,
wird dort als Wahrheit uns entgegengehn!“

Eine erstaunliche Parallele: Johannes Kepler sucht auf demselben Weg „Gottes Pläne“ nachzuvollziehen und sagt, Gott sei ein Künstler, das Weltall bis ins Kleinste gestaltetes und durchdachtes Kunstwerk.

Lotte freilich tauscht mit Verwandten und Bekannten oft genug die Nachrichten über Kriegszufälle und Greuel, Anekdoten, noch nicht hautnah erlebt, nur lokal und begrenzt gesehen . . .

Was sie vor allem bewegt, sind die Krankheiten des Mannes, die Entwicklung der Kinder, die Theaterereignisse, und an solchem Brennpunkt begegnen sich die persönlichen und die kulturellen Sensationen: Schillers Werke, ihre Darstellung auf der Bühne, und Schillers Befinden, das so abhängig ist von seinen Erfolgen, und diese von seiner Gesundheit.

Lotte ist voller Zuversicht, wenn von seinem Zustand die Rede ist. Er nimmt ab, sie weiß es, die große Flamme hat seine anfällige Körperlichkeit fast aufgezehrt, er kämpft, aber, das weiß nur er, einen aussichtslosen Kampf.

Doch was ist aussichtslos, wo es um mehr als das körperliche Bestehen geht? — Da sind Aufgaben, die ihn fordernd anstarren, als wären's lebendige Wesen. Sie verlangen die klare Form, die Lebensform, eine Gesetzgebung und Einbindung, die nicht mit verschwommenen Wünschen zu befriedigen ist: „Wahrheit und Recht" verlangt der Genius von ihm, und er weiß, was das kostet: *„Muß ich ihn wandeln, den düsteren Weg? / Mir graut, ich gesteh es. / Wandeln will ich ihn doch, / Führt er zu — Wahrheit und Recht."*

Die kleine Emilie sitzt am Ofen und lallt: „Puppa!" Die rosa Puppe hat blonde Kringelhaare, ihre rundlichen Patschhände baumeln leblos, wie das bei ausgestopften Stoffbällchen ist, und ihre kugelrunden schwarzen Augen sind starr und unbewegt, und Augenlider hat sie auch nicht, die Puppe.

Emilie stört das nicht, sie dreht das pralle Bündel im weißen Spitzenkleid hin und her und singt: „Puppa!"

Die Mutter ist mit dem Mädchen in der Küche, die Brüder auf dem Platz vor dem Haus, sie werden bald heimkommen, es fängt an zu regnen.

Die kleine Karoline hat sich mit einem Bilderbuch nebenan in die Sofaecke gesetzt.

Gestern ist der Vater im Theater gewesen, er hat kaum husten müssen — Karoline denkt daran, sie denkt immer wieder an den Vater, der droben im Arbeitszimmer sitzt.

Dann hört sie ihn rufen, es ist ein Gekeuche, heiser, rauh.

Das Kind horcht.

Da hört es das Trappeln auf der Treppe, die Stimme der Mutter, die hinaufläuft — es war schon oft so, aber es ist diesmal anders; die Mutter ruft etwas, das Mädchen rennt ihr nach, Karoline geht zur Tür und drückt die Klinke nieder, die hoch über ihrem Köpfchen ist, schiebt sich durch einen Spalt und horcht wieder.

Schiller hat einen Anfall, hustet, krümmt sich, bäumt sich auf, unten hört das Kind nur undeutlich, was droben vorgeht — Emilie kommt angetappt, kaum daß sie richtig gehen kann, schleift die Puppe nach, dann greint sie, fängt schließlich mit verzerrtem Mund zu weinen an.

Grigri springt aus seinem Korb, winselt, streicht um die beiden Kinder herum und wedelt hilfesuchend mit dem Schwanz.

Da kommen die Brüder herauf, Karl und Ernst, die draußen Ball gespielt haben, bis der Regen kam.

Man ruft den Rudolph, der unten Holz gespalten hat, der Herr brauche den Doktor Starck, und wenn er nicht da sei, den Stellvertreter, schnell, der Herr sei arg krank, sagt das Mädchen.

Der elfjährige Karl steht dann wie eingewurzelt an der Schlafzimmertür und schaut auf den Vater, der die Leintücher in Falten rafft und sich darüberwirft.

Heute ist der 2. Mai, wie so oft ist es dasselbe, und immer wieder ist es quälend mitanzusehen: Der Vater legt sich erschöpft zurück, die Mutter wischt das schweißnasse Gesicht ab — es war doch zuviel gestern im Theater, das Zusammentreffen mit Goethe unterwegs, und daß der nicht mitwollte, aussah, als habe er Angst. Das sind sicher nur Einbildungen jetzt, wo ich so aufgeschreckt bin ..., denkt sie. Und er sah so vornehm aus im dunkelgrünen Hofkleid mit dem Degen. Sie setzt sich neben ihn, der jetzt wie ausgeleert, reglos zurückgefallen, in den Kissen liegt. Der Diener Rudolph kommt leise an die Tür, Karl drängt sich mit ihm herein. Der Dr. Starck sei mit dem Fürsten verreist, der Stellvertreter komme sofort, es könne nicht lange dauern.

Es war nicht der erste und nicht der letzte Anfall. Das brüchige Lungengewebe hielt den Atem rasselnd auf, jagte den Puls fiebrig in die Höhe, Luftnot preßte den Kranken; Lotte ließ Kiefernadeln sieden, Spiritus in die

Schiller in der Jenaer Zeit

Haut reiben, Beine und Füße massieren. Der Arzt, ein junger, selber zitternder Adept, wagte keinen Aderlaß bei der Schwäche des Kranken.

Schillers Gesicht, grau und eingefallen, verzerrte ein Lächeln, und doch erhellte es die Augen, die größer schienen als sonst, mit graublauem Feuer, über den deutlicheren Jochbögen, unter der fleischlosen mächtigen Stirn.

Immer, in Tagen und Nächten, kamen die Anfälle wieder, angstvoll wartete Lotte, ob die Pausen, die ihm Ruhe ließen, nicht kürzer wären, immer kürzer, und sah, wie drohend sich das Leiden über ihn warf, wie ein schwarzer Mantel, undurchdringlich. Von den letzten Tagen hat Karoline von Wolzogen aufgeschrieben, was sie nach Jahren noch wußte:

„Am 1. Mai kündigte sich die letzte Krankheit Schillers als ein Katarrhfieber an, wie wir solche bei ihm gewohnt waren. Er selbst schien sich auch nicht bedenklicher krank zu fühlen, als bei ähnlichen Anfällen. Er empfing einige Freunde auf seinem Zimmer und schien sich gern durch sie unterhalten zu lassen. Herrn von Cottas Besuch, der auf der Durchreise nach Leipzig durch Weimar kam, erfreute ihn; alle Geschäfte sollten bei seiner Rückkunft abgemacht werden.

Da das Sprechen seinen Husten vermehrte, suchten wir ihn ruhig zu halten: auch sah er es am liebsten, wenn meine Schwester und ich allein um ihn waren. Der gute Heinrich Voß erbot sich zu Nachtwachen; doch blieb Schiller lieber allein mit seinem treuen Diener.

Der ‚Demetrius' beschäftigte ihn immerwährend, und die Unterbrechung dieser Arbeit beklagte er sehr. Sein Arzt hatte ihn noch in keiner ähnlichen Krankheit behandelt. Starck hatte immer die Kur geleitet, und dieser war mit der Großfürstin in Leipzig. Er suchte unsere Ängstlichkeit deshalb zu stillen und sagte uns, daß alle Rezepte vollkommen passend seien, daß er ganz nach Starcks Methode behandelt werde.

Bis zum sechsten Tage war sein Kopf ganz frei; er selbst schien nicht an nahe Gefahr zu glauben und äußerte sogar, er habe in diesen Tagen viel über seine Krankheit gedacht und glaube nun eine Methode gefunden zu haben, die seinen Zustand verbessern müsse. An Anstalten für die Zukunft der Seinen, wenn er nicht mehr wäre, dachte er gar nicht. Mein Mann Wolzogen war mit der Großfürstin in Leipzig; Schiller sehnte sich sehr nach seiner Zurückkunft; vielleicht hegte er den Wunsch, sich gegen diesen über manches auszusprechen.

Am sechsten abends fing er an, oft abgebrochen zu sprechen, doch nie besinnungslos. Sein Blick auf die Gegenwart blieb klar. Alles Heterogene mußte entfernt werden. Zufällig hatte sich ein Blatt des ‚Freimütigen' in sein Zimmer verirrt. ‚Thut es doch gleich hinaus', sagte er, ‚daß ich mit Wahrheit sagen kann, ich habe es nie gesehen. Gebt mir Märchen und Rittergeschichten; da liegt doch der Stoff zu allem Schönen und Großen'. Die ‚Contes des Tressan' hatte er immer geliebt; doch konnte er ein anhaltendes Vorlesen nicht ertragen.

Als ich am Abend des siebenten zu ihm kam, wollte er, wie gewöhnlich, ein Gespräch anknüpfen über Stoffe zu Tragödien, über die Art, wie man die höhern Kräfte im Menschen erregen müsse. Ich antwortete nicht mit meiner gewöhnlichen Lebhaftigkeit, weil ich ihn ruhig halten wollte.

Er fühlte es und sagte: ‚Nun, wenn mich niemand mehr versteht, und ich mich selbst nicht mehr verstehe, so will ich lieber schweigen.' Er schlummerte bald darauf ein, sprach aber viel im Schlaf. ‚Ist das eure Hölle, ist das euer Himmel?' rief er vor dem Erwachen; dann sah er lächelnd in die Höhe, als begrüßte ihn eine tröstende Erscheinung. Er aß etwas Suppe und als ich Abschied nahm, sagte er zu mir: ‚Ich denke diese Nacht gut zu schlafen, wenn es Gottes Wille ist.'

Den Morgen des achten hat er leidlich zugebracht, still und oft schlummernd. Als ich gegen Abend kam, vor sein Bett trat und fragte, wie es ihm gehe, drückte er mir die Hand und sagte: ‚Immer besser, immer heitrer.'

Ich fühlte, daß er dies ganz in Bezug auf seinen inneren Zustand sagte. Es waren die letzten an mich gerichteten Worte, die ich von den teuern Lippen vernahm. Er verlangte, man solle den Vorhang öffnen, er wolle die Sonne sehen. Mit heiterm Blick schaute er in den schönen Abendstrahl, und die Natur empfing seinen Scheidegruß. Seine Kinder verlangte er selten zu sehen. Die jüngste Tochter, die man noch am achten morgens brachte, hatte er mit Freude und Wohlgefallen betrachtet. Sein treuer Diener, der die Nächte bei ihm zubrachte, sagte, daß er viel gesprochen, meist vom ‚Demetrius', aus dem er Szenen recitiert.

Einigemale habe er Gott angerufen, ihn vor einem langsamen Hinsterben zu bewahren. Der Ewige erhörte seine Bitte. Am neunten früh trat Besinnungslosigkeit ein; er sprach nur unzusammenhängende Worte, meistens Latein.

Ein ihm verordnetes Bad schien er ungern zu nehmen; doch war er in allem, was zu seiner Wartung geschehen mußte, ergeben und geduldig. Der Arzt hatte nötig gefunden, daß er ein Glas Champagner trinke, um die mehr und mehr sinkenden Kräfte zu heben. Es war sein letzter Trunk. Seine Brustbeklemmungen schienen nicht sehr schmerzlich. Wenn er, davon ergriffen, auf sein Kissen zurückfiel, sah er sich um, schien uns aber nicht zu kennen.

Gegen 3 Uhr trat vollkommene Schwäche ein; der Atem fing an zu stocken. Meine Schwester kniete an seinem Bette, sie sagte, daß er ihr noch die Hand gedrückt. Ich stand mit dem Arzte am Fuße des Lagers und legte gewärmte Kissen auf die erkaltenden Füße. Es fuhr wie ein elektrischer Schlag über seine Züge; dann sank sein Haupt zurück, und die vollkommenste Ruhe verklärte sein Antlitz; seine Züge waren die eines sanft Schlafenden.

Mein Arzt und Freund, der Doktor Herder, der Schillern innig liebte, sagte mir nach der Sektion, der er beigewohnt, daß, wenn er auch von diesem Fieber hätte genesen können, er doch, nach dem Zustande der Lunge, nicht länger als ein halbes Jahr gelebt und schwere Beängstigungen erduldet haben würde.

Den Monolog der ‚Marfa' im ‚Demetrius' fand mein Mann auf Schillers Schreibtisch; es waren wahrscheinlich die letzten Zeilen, die er geschrieben.

Die Trauer war in Weimar allgemein, und Beweise der herzlichsten Teilnahme strömten uns von allen Seiten zu. Es war ein Theaterabend; kein Schauspieler wollte spielen, und in dem reinsten Gefühl eines solchen Verlustes setzte Mlle. Jagemann es durch, daß das Theater geschlossen blieb.

Das Leichenbegängnis war dem Range des Verstorbenen gemäß angeordnet; aber 12 junge Männer höheren Standes nahmen die Leiche den gewöhnlichen Trägern ab, und von liebenden Freundesarmen wurde sie zur Ruhestatt getragen. Es war eine schöne

Mainacht. Nie habe ich einen so anhaltenden und volltönenden Gesang der Nachtigallen gehört als in ihr.“

Lotte muß zerschlagen, erdrückt, erschöpft zurückgeblieben sein mit den noch kleinen Kindern – das Jüngste, Emilie, konnte noch nicht recht gehen, der Älteste konnte ihr, elfjährig, noch keine Stütze sein. Karoline von Wolzogen wird, da sie zwar am Krankenlager hilfreich zugegen war – auch jetzt, ihrer überschwenglichen Art gemäß, eher mit Lautem, mit Übersteigertem, sogar mit Unpassendem gestört haben – obwohl Lotte das nie zugegeben hätte.

Dann begann nach der entsetzlichen Lähmung, vielleicht erst eine lange Zeit danach, die traurige Betriebsamkeit des Weiterlebenmüssens um der Kinder willen, und vielleicht hat sie der Verzweiflung praktische und energische Züge entgegengestellt, als sie den Kindern Vater und Mutter ersetzen sollte. Wir müssen es annehmen, nach ihren vielen Briefen, die sich in diesen Jahren nach allen Seiten gewendet haben, um alte Verbindungen aufzunehmen.

An die Schwester des Toten schreibt Lotte:

An Frau Louise Franckh *Weimar, den 12. Juni 1805*
geb. Schiller

„Liebe Schwester! Ich schreibe dir, da ich eben einen ruhigen Moment finde. Was wir eigentlich verloren haben, fühlt Niemand als wir; ihr verlort einen Bruder, der in jeder Lage des Lebens mit Rath und That sich gezeigt hätte und seinen Verwandten mit treuer Kindlichkeit anhing, so liebte er auch seine Kinder wieder! Aber unter uns Allen verlor Niemand so viel als ich, weil ich ihn liebte, weil ich in ihm die ganze Welt fand! Wie öde mir das Leben vorkömmt, kann ich nur fühlen; diesen treuen Antheil an meinem Wesen, wie die höhere geistige Existenz, deren ich durch seinen Umgang theilhaftig wurde, kann mir nichts, nichts mehr auf der Erde ersetzen und sollte es auch nicht, wenn es auch möglich wäre; denn dieses Wesen, das vielleicht in Jahrtausenden nicht wieder so erscheint, muß auch einzig geliebt sein. –

Mein Trost, meine Kinder seiner würdig zu bilden, ist noch der einzige, den ich haben kann auf dieser Welt; sie allein halten mich noch am Leben, ich kann sonst nur im Grabe wieder Ruhe finden. – Sein Geist ist um mich und gibt mir Muth in die Seele, das Leben ohne ihn zu tragen! Er gab mir ein Vorbild, wie ich leben soll, denn er, mit den unendlichen Leiden seines Körpers, vergaß in der Nähe seiner Geliebten sich selbst und war heiter, liebend, theilnehmend. Er wurde immer milder, immer zufriedener mit seiner Lage, seinen Umgebungen, sah das Leben immer mehr aus einem höheren Gesichtspunkt an. –

Liebe gute Louise! Ich fühle mit Schmerz, aber mit Ergebung in Gottes Fügung, daß er uns nicht leben konnte, daß sein Leben, hätte es auch gefristet werden können durch ein Wunder, doch nicht ohne völlige Kränklichkeit, ohne Versiegung seines hohen Geistes hätte dauern können. Alles war in ihm zerstört; seit dem vorigen Jahr im Julius, wo er die fürchterliche Kolik hatte, daß Dr. Starck, wie er jetzt selbst gestand, ihm keine halbe Stunde mehr Leben gegeben hätte, hat er sich nicht wieder recht erholt. Weil ich ihn schon öfter so krank gesehen hatte, hoffte ich auch jetzt, freute mich seit der Zeit über jeden Beweis seiner Kräfte, ach Gott! und umsonst! Husten, Katarrh, Fieberanfälle hatte er seit der letzten Krankheit beinahe immer; dreimal diesen Winter kam der Fieberanfall, und der letzte dauerte 9 Tage. Er war viel ruhiger als sonst, nahm Theil, so lange er konnte, an unseren Gesprächen, verlangte nach den Kindern. Von Dienstag bis Donnerstag phantasierte er beinahe immer, wollte nichts essen und wenig trinken; in den ersten Tagen brach er alles von sich.

Wir machten ihm begreiflich, daß er sich baden müsse; er that es, und das erste Bad bekam ihm so gut, daß er sagte, er habe nun völliges Vertrauen zu sich und wüßte nun, wie er sich behandeln müsse in der Zukunft. Ich mußte an Cotta in Leipzig schreiben, daß er besser sei; Cotta hatte ihn krank gefunden, als er hier durchreiste; meine Schwester sollte es Wolzogen schreiben; kurz er war heiter und voll Vertrauen. Aber dieß war Montags; von Montag Nacht schlief er wenig mehr; Dienstag und Mittwoch phantasierte er noch viel. Aber Ernst und Emilie ließ er kommen, freute sich über die Kleinen; kurz, wenn er sich seiner bewußt war, war er liebevoll, freundlich.

Meine Gesundheit beunruhigte ihn schon lange; weil ich beständig Neigung zum Katarrh habe, viel angegriffen war, mußte ich immer etwas gegen den Husten nehmen in seiner Gegenwart, und er sprach auch mit dem Arzt über mich, daß er mit mir nach Brückenau wolle, in ein Bad 20 Meilen von hier, das man uns rühmte. (Jetzt gehe ich zu Ende dieses Monats mit meiner Mutter und Karl und Ernst hin.) Ach Gott, warum ist er, um den ich gern mein Leben hingegeben, nun nicht mit uns! Den einen Abend ging ich nahe zu ihm: da nahm er meine Hand und sagte: Liebe Gute! – Von mir nahm er ein, wenn er noch so sehr phantasierte, verlangte auch oft nach meiner Schwester, die mit treuer Liebe ihn pflegen half. Kurz, wenn er sich selbst fühlte, fühlten wir seine Liebe. Sein letztes Zeichen von Bewußtsein war, daß er mich anlächelte mit einem Blick, den ich malen möchte, aber nicht ausdrücken kann, so heiter himmlisch! Ich hob seinen Kopf auf die bessere Seite, und er sah mich so an und küßte mich – ach Gott! dieß war das letzte Zeichen seines Gefühls für mich! Dieser Blick gießt Frieden in mein Herz, wenn die Welt ihm zu enge wird. Dafür, daß ich Hoffnung hatte bis zuletzt, danke ich Gott, denn ich hätte sonst den Muth verloren, hätte ihm nicht beistehen können. Den letzten Tag schlief er gegen Nachmittag ein; ich saß, um ihn nicht zu wecken, in der Nebenstube bei meiner Schwester und sagte leise: ‚da er jetzt schläft, habe ich Hoffnung, denn seine Natur ist gut'; (ich rief mir die gute Natur unsrer geliebten Eltern zurück); ich hatte Hoffnung – als der Mensch, den wir an das Bett gesetzt hatten, da wir hinausgingen, uns rief, und der Krampf verzog sein Gesicht, nach wenigen Minuten war er kalt, und ich suchte umsonst die geliebte Hand zu erwärmen. Sein Geist, der vielleicht noch seiner Hülle näher war, hat auch da meine Liebe noch gefühlt. –

Nun fürchte ich nichts mehr in der Welt, da ich das einzige Wesen mußte sterben sehen und leben muß. Es war der erste Mensch, den ich sterben sah, und der Tod hat alle Schrecken verloren auf einmal. Er winkt mir freundlich, ich kann mich innig sehnen nach diesem Moment. So lange ich kann, will ich für unsre Kinder leben und wirken, um ihm zu zeigen, daß ich seiner Liebe werth war, denn sie sind sein theures Erbtheil. Sie sind gut und brav und lieben mich herzlich. Ich will vor allen Dingen ihre

Constitution stärken und sie nicht in die strengen Regeln der Erziehung beugen, denen gewiß die starke Natur ihres Vaters unterlag; denn das Leben in der Akademie, der Mangel an ganz freier Bewegung des Körpers war gewiß der erste Grund zu unseres Geliebten Kränklichkeit. Er gab in seiner Jugend zu wenig auf sich Achtung, und als er in Mannheim das kalte Fieber so gewaltsam curierte, war es der zweite schlimme Einfluß auf seinen Körper. —

Bei meinen Leiden ist mir der Rückblick auf mein Leben mit ihm ein Trost, denn ich suchte mit Allem, was in meinen menschlichen Kräften stand, von ihm abzuwenden, was ihm hätte nachtheilig sein können. Ich habe seinen Geist, seine volle rege Thätigkeit unterhalten, indem ich nur für ihn lebte. Ohne mich wäre er vielleicht nicht so lange auf der Welt geblieben. Dieser schöne Zweck des Lebens ist nun nicht mehr für mich; ich muß meine Kinder an mein Herz drücken und fühlen, warum ich noch lebe, wenn mir mein ganzer Verlust einfällt. — Wenn wir an sein Leben denken, liebe Louise, wenn wir denken, wie hundertmal thätiger und wirkender er lebte und in der Nachwelt leben wird als eine ganze Generation von Menschen, so sollten wir nicht klagen über seine Thätigkeit des Geistes. — Er war nicht wie andere Menschen, die sich mühsam anstrengen, um etwas hervorzubringen; wenn er etwas hervorbrachte, so ward es ihm leicht, und er war am glücklichsten in diesem Moment! Ich suchte nur die ängstlichen Vorstellungen gern von ihm zu entfernen und alle Rücksichten, daß sein Geist nicht sollte gehemmt werden.

Ich fühlte aber immer, daß ich diesem Geist keine Fesseln anlegen könne, und suchte lieber ihm das wirkliche Leben nicht drükkend zu machen durch Störung seiner Wirksamkeit. Ich hätte jedes Schicksal mit ihm getheilt und hätte alle Aufopferungen ihm gebracht, das kann ich mir sagen. Andere, die seinem Geist nicht so nahe lebten, hielten das, was der Erguß seines Lebens war, für künstliche, gefährliche Anspannung. Er hat lange nur noch durch seinen Geist gelebt, so zeigte es sich leider, wie Alle sagen. — Welchen Antheil, welche Liebe er hatte, werden dir die öffentlichen Nachrichten sagen; ich lese nichts darüber, denn ich allein habe mehr als die Welt verloren. —

Aber, als meiner lieben Schwester, muß ich dir etwas sagen, das dich freuen wird, was uns noch als Beweis der Verdienste unseres Geliebten aufrichtet: daß die Großfürstin, die hiesige Erbprinzeß mir gleich in den ersten Tagen die Versicherung gab, daß Karl und Ernst ihr gehörten; sie sorgt für ihre Erziehung bis in ihr zwanzigstes Jahr und behält sich noch vor, sie auch anzustellen. Sie hat es auf eine so edle, feine Weise mir geschrieben, daß ich auch mit Feinheit diese That behandeln muß. Also sage ich es nicht, und du und dein lieber Mann werdet als meine Freunde auch keinen unvorsichtigen Gebrauch davon machen, ihr werdet es fühlen. Sie hat mir gleich geschrieben, ehe sie noch dieses für die Söhne entschied, daß ich mich bei Allem, was mir begegnen könnte, an sie zuerst wenden solle, weil sie Schiller geschätzt hätte und herzlichen Antheil an mir nähme. – Ach, hätte dieses unser Geliebter noch wissen können! –

Jetzt nimmt er auf diese menschliche Weise nicht mehr Theil an den Ereignissen; wenn ich aber nun Manches möglich machen kann, was ich sonst nicht konnte für die guten Kinder, so will ich es als den Segen Gottes und ihres Vaters betrachten.

Wenn die geliebte Großfürstin aber auch sich nicht so edel bezeigt hätte, so hätte sie mein Herz ewig gewonnen durch ihren Antheil und ihre Rührung. Sie war bei mir mit der Herzogin und weinte so herzlich, innig an meinem Hals, als hätte sie einen Bruder verloren. –

Für mich werde ich niemals ihre Großmut ansprechen. Die Vorsehung hat Schillers Unternehmungen gesegnet: ich kann ohne Entbehrung leben. Was ich aber kann, werde ich zurücklegen, um den Kindern ein Kapital zu lassen, daß sie doch nicht einst abhängig werden, und im Nothfall, wenn sie sich einschränken wollen, unabhängig leben können. Gibt mir Gott Kraft und Muth, so werde ich Alles anwenden, um dieß zu erreichen und zurückzulegen, was ich kann. –

Cotta hat sich auch als ein theilnehmender Freund gezeigt, und wie er Schiller liebte, ist rührend. –

Was mir Wolzogen und meine Schwester sind, kann ich nicht aussprechen; von meiner Schwester erwartete ich stets das Herzlichste und Beste im Leben; aber wenn du Wolzogens Theilnahme, seine Betrübniß um Schiller gesehen hättest, und die Art, wie er mit mir und meinen Kindern umgeht, wie er uns zu sich rechnet, so würde es in dir innige Liebe und Achtung und Dankbarkeit erwecken. –

Daß man im Unglück auch wieder irgendwo Trost finden kann, dieß ist Hülfe, die von oben kommt. –

In den Nächten, wo Schiller nicht ruhete, sagte er inbrünstig: komm von oben herab und bewahre mich vor langwierigen Leiden! Auch zum Himmel laß uns blicken, liebe Louise. Von den letzten Stunden unseres Verewigten laß uns gegen andere Menschen schweigen; sie sind mir zu heilig, als daß ich davon sprechen sollte, und die Menschen sind so zudringlich und wollen unter der Hülle des Mitleidens nur Nahrung für ihre Neugierde und Schreibsucht. –

Wir müssen uns nun auch im Namen des Geliebten lieben, und unsre Freundschaft sei treu und unverbrüchlich; was wir uns unter dem Siegel der Verschwiegenheit vertrauen, bleibe auch verwahrt. Du wirst immer eine treue Schwester an mir finden. –

Lebe wohl! Der Brief ist so lang, daß, wenn er nicht von einem solchen Gegenstand handelte, er zu beschwerlich zu lesen sein würde. Aber du wolltest viel wissen. Gott erhalte dich und den lieben Schwager, den ich herzlich grüße und um den Theil der Freundschaft für mich bitte, die er unserem geliebten Verstorbenen schenkte.

Die Kinder sind wohl; Emilie ist entwöhnt und zahnt, da ist sie etwas schwächlich, aber sehr heiter und freundlich. Es ist mir immer, als wär' es ein Blick, den mir ihr Vater sendet mich zu trösten, wenn sie mich so liebend anlacht; sie schmiegt sich immer so herzlich an mich an, und ich muß sie immer tragen, wenn ich zu ihr komme. –

Küsse deine lieben Kinder herzlich!

An Christophine. *(Anfang Juni 1805.)*
(Schillers ältere Schwester.)

Eine Bitte habe ich an dich und deinen lieben Mann, die mir dringend wird. Es gibt gar zu indiscrete Menschen, und erst unter der Larve des Mitleidens ist die Unbescheidenheit am größten. Ich spreche mit Niemand über die letzten Momente unsres Geliebten als mit Menschen, die ich kenne, die meine alten Freunde sind. Versprecht es mir auch, meine Freunde. Ich möchte Schillers Andenken rein in uns allein erhalten. Über ihn schreiben werden Tausende vielleicht, aber was er war, was er uns, was er mir war, fühlt Niemand. Es ist mir selbst auch gleichgültig, denn ich lese gewiß nichts von diesen schreibseligen Menschen. Aber die letzten Momente meines Geliebten haben mich mit einer solchen Ehrfurcht erfüllt, daß ich auch möchte, es spräche Niemand über ihn – seine Werke sprechen für ihn, und kein lebender Mensch kann etwas sagen, das sich der Mühe lohnte. –

Es ist der größte Beweis eurer Liebe zu Schiller, wenn ihr diese Bitte erfüllt. Auch von seinen früheren Lebensumständen erzähle nichts, liebe Schwester. Aber setze sie auf, bitte ich dich, die kleinsten Züge, die du dir entsinnst, denn seiner Familie, seinen Kindern wird es ein heiliges Andenken sein.

Dieses muß ich dir noch erzählen, wie schön das Gebet unsres Lieben erhört wurde. Er rief in der Nacht aus: Du von oben herab bewahre mich vor langem Leiden! Dies Gebet ist schön erfüllt worden und gibt mir neuen Muth und Vertrauen, daß auch für mich die Vorsehung wacht und mich auch leiten wird bis zum Grabe.

So leicht und schnell, wie sein Geist rein und erhaben war, hat ihn nach den langen Leiden des Lebens Gott von uns gerufen. Eine lange tödliche Krankheit hätte seinen Geist tief gebeugt und der Anblick unseres Schmerzes.

Meine eigene Gesundheit ist schwach, in den letzten Tagen war immer Schiller mit mir beschäftigt; meine gute Mutter wollte mich bereden, ich sollte mit ihr nach Pyrmont gehen, weil sie mich so kränklich fand diesen Winter, aber Schiller meinte noch in den letzten Tagen, es sei mir zu stark; wir hatten den Plan, nach Brückenau zu gehen, und dahin wollte er mit.

Jetzt gehen wir gegen den 22. hin, meine Mutter nimmt mich und die zwei Knaben mit, die auch baden sollen; ich glaube auch, daß es ihnen gut ist, daß sie ihre Constitution stärken. Bei der Rückreise denke ich gewiß, daß wir über Meiningen kommen, und daß ich euch besuche. Jetzt würde es mir noch zu schmerzlich sein. – Ach wir können uns leider keinen Trost geben und müssen uns in die Nothwendigkeit fügen. – Heftige Ausbrüche meines Schmerzes, fürchte ich, würden mir jetzt sehr nachtheilig sein; wenn ich so still fortlebe und für meine Kinder thätig bin, und in Schillers Andenken, in seinem Geist lebe, so ertrage ich einen Tag nach dem anderen. Aber jeder neue harte Stoß gräbt die Wunde schmerzlicher, und ich muß Fassung für das Leben mir suchen, muß sie erst erwerben lernen. –

Karoline und Emilie werden indessen bei der guten Griesbach sein, die sie wie ihre Mutter pflegen wird, und der schöne Garten, die gute Luft werden ihnen heilsam sein. Karoline lernt fleißig lesen und strickt auch. Emilie ist so freundlich und gut, daß es mir ist, als spräche der Geist ihres Vaters zu mir; wenn ich nur nahekomme, legt sie ihr Köpfchen an mich an und lächelt, es ist ein freundliches liebes Wesen. Daß die Kinder gesund sind und eine gute Natur haben, dafür danke ich Gott. Ich will auch suchen, die Körper recht zu stärken. Denn ich glaube gewiß, daß das Leben in der Akademie den ersten Grund gelegt hat zu Schillers Kränklichkeit. Auch Wolzogens Kränklichkeit rührt wohl daher. — Wolzogen hat sich mit treuer Liebe und Sorgfalt gezeigt, und als Schillers wahrer Freund; ich kann es ihm nicht genug danken.

Bad Brückenau, Juli 1805.

So lange ich lebe und fühle, wird mir jedes Gefühl meiner Liebe und der Schmerz lebendig bleiben, und wenn ich mich an das Leben anschließen soll, so muß es immer nur sein wie eine Stütze, die trübe Gegenwart zu ertragen, und nicht um etwas zu finden, das mich trösten könnte. — Deßwegen kann man auch die Gewalt der Eindrücke nicht ermessen, denn jedes fühlt anders. Aber so ist es in mir und so wird's bleiben, weil ich nicht für dieses Leben allein liebte. Ich kann die Menschen nicht begreifen, die den Glauben haben, man könnte wirklich weniger fühlen, und die Zeit könnte die Wunden des Herzens heilen. Sie gibt uns nur die Gewohnheit zu leiden, und die Kraft, die Gefühle des Schmerzes in die eigne Brust zu verschließen — das fühle ich.

Ich hoffe, du und der liebe Schwager genießen jetzt die heitern Sonnenblicke in eurem freundlichen Garten. Die Anpflanzungen werden recht schön geworden sein, und du wirst jetzt die Früchte deiner Mühe genießen. Ich finde an dieser Seite des Thüringer Waldes die Vegetation so schön, und alle Blumen haben ein üppiges Colorit, wie auch die Blätter. So dunkle, schöne, volle Rosen habe ich lange nicht gesehen. Die Feuchtigkeit bringt wohl diesen Effect hervor.

Nun, liebe Schwägerin, lebe wohl, ich wünsche euch Beiden ruhige gleichförmige Tage. Erhaltet mir und meinen Kindern die treue Liebe und Theilnahme lieber Verwandten."

4. Kapitel Die Witwe

Es ist aber gewiß nicht nur Äußeres, was sie bewegt und getrieben und gewandelt hat, denn Lotte ist an Schillers Wesen und – endlich auch an seinem Tod – gewachsen, wenn es auch die vielverstreuten Freunde nicht immer gespürt haben.

„Nur der Körper eignet jenen Mächten,
Die das dunkle Schicksal flechten.
Aber – frei von jeder Zeitgewalt,
Die Gespielin seliger Naturen,
Wandelt oben in des Lichtes Fluren
Göttlich unter Göttern die Gestalt!“

Mag sein, daß Lotte den Freund, Goethe, in seiner Wirkung auf ihren Gatten nicht voll erkannt hat, obwohl gerade sie es war, die die beiden einander zugeführt und Goethe schon aus der Jugendzeit her gekannt und verehrt hatte: Aber sie lernte, die großen Bilder nachzuerleben, die Beide aneinander entzündeten, denn Bilder sind ja einzig imstande, das Eigentliche auszudrücken.

„Wenn, das Tote bildend zu beseelen,
Mit dem Stoff sich zu vermählen
Tatenvoll der Genius entbrennt,
Da, da spanne sich des Fleißes Nerve,
Und beharrlich ringend unterwerfe
Der Gedanke sich das Element.
Nur dem Ernst, den keinen Mühe bleichet,

Rauscht der Wahrheit tief versteckter Born,
Nur des Meißels schwerem Schlag erweichet
Sich des Marmors sprödes Korn,
Aber dringt bis in der Schönheit Sphäre
Und im Staube bleibt die Schwere
Mit dem Stoff, den sie beherrscht, zurück.
Nicht der Masse qualvoll abgerungen,
Schlank und leicht, wie aus dem Nichts entsprungen,
Steht das Bild vor dem entzückten Blick."

Goethe hat im Alter gesagt: „Er mochte sich stellen, wie er wollte, er konnte gar nichts machen, was nicht immer größer herauskam, als das Beste der Neueren . . ."

Vielleicht hat Lotte das alles zuerst nicht wahrgenommen, nicht mehr hören wollen, vielleicht ist sie in ihre Mädchenzeit zurückgeglitten, in die heimatliche Atmosphäre, in die Schiller sich zu Anfang nur schwer hineinfand.

Aber endlich hat sie sich als die ganz Andere, Neue erleben müssen, die sie an Schillers Seite geworden war, als seine für ihn geformte Frau — nicht „von ihm" geformt, aber willentlich in ihn eingegangen, sein Gegenbild.

Jetzt fangen die kleinen Schritte an, das Abtasten der Umgebung, das ängstliche Einschätzen des Nochgreifbaren, über das sie, allein geblieben, verfügen kann.

Wilhelm von Wolzogen, gewiß bestärkt von seiner Frau Karoline, regelt im Auftrag des Fürstenhauses eine bescheidene Versorgung der Schiller-Söhne.

Zweihundert Taler jährlich sind ihnen sicher, nach Antritt eines Studiums das Doppelte. Für sich und die Töchter hat Lotte eine kleine Witwenrente, die *chère mère* gibt etwas dazu, auch Dalberg springt ein. Er ist inzwischen Großherzog von Frankfurt „von Napoleons Gnaden" geworden und kann manches abmildern und vermitteln, was noch härter gewesen wäre ohne ihn. Cotta streicht die bereits gegebenen Vorschüsse, bietet Lotte an, mit ihren Kindern bei ihm in Tübingen zu

Karl von Schiller (Schillers erster Sohn)

leben, wo auch das Studium der Söhne leichter und billiger einzurichten wäre. Aber Lottes alte Abneigung gegen das Schwäbische — durch Schillers Carlsschulerzählungen wahrscheinlich hervorgerufen, läßt sie zögern. Schließlich lehnt sie ab.

Nur Rudolph, der Diener, fährt zunächst mit Cotta nach Württemberg, aber auch er kann sich nicht eingewöhnen und kehrt bald wieder zurück.

Wilhelm von Wolzogen und sein Bruder, der General, verwalten ein inzwischen gesammeltes Guthaben, das Zacharias Becker, der Dacherödensche Verwalter,und Iffland, der große Schauspieler, zusammen aufgetrieben haben.

Der Plan eines Familiengutes, das zugleich eine Schiller-Gedenkstätte werden sollte, zerschlug sich. Aber die von Schiller noch gesicherten Honorare, die auf zwanzig Jahre zu zahlen waren, brachten den Hinterbliebenen eine Summe von insgesamt dreißigtausend Talern.

Lotte rechnet nüchtern, sie läßt sich nicht in tränenweiches Selbstmitleid versinken: Sachliche Umschau ist nötig für die Frau mit den vier kleinen Kindern — der Krieg rückt näher:

Im Jahr nach Schillers Tod wird Napoleon zum Herrn Deutschlands. Nach seinem Sieg bei Ulm über den General Mack, nach dem Triumph der Franzosen bei Austerlitz muß sich Preußen beugen und erhält für den Verlust von Ansbach das englische Hannover, Kleve und Neuenburg. Der Rheinbund entsteht; Österreich hat Tirol, Vorderösterreich und Venetien hergeben müssen. Am 27. Oktober 1806 ist Napoleon in Berlin.

Napoleon — der mit seiner Verachtung des Menschlichen und seiner großen Konzeption alles umwirft, was seither geheiligt und gottgesalbt war, nüchtern, pragmatisch, naiv in seiner Beurteilung der „alten Völker“, mit einer erschreckenden und aufhellenden Unbefangenheit, aber doch mit wachem Instinkt für Antriebe und Ängste, Ehrgeiz und Sentiment, für die Wirkung der Tradition, den Nimbus der Kronen.

Gefühl leistet er sich kaum, das waren Jugendfehler, die er abgestreift hat, als ihn die angebetete, glühend geliebte Joséphine hintergangen hatte, damals, als er vor den Pyramiden kämpfte.

„Mio grande amor...", sie hatte ihn schnöde betrogen; sie war ja schon vordem, in der wirbelnd-umstürzenden Zeit der Revolution von Hand zu Hand gegangen, notgedrungen gewiß, unstet aber durchaus zielbewußt, wer sollte da sein eignes Maß anlegen wollen?

Lotte konnte es nicht, auch nicht bei Karoline, die sich als „geistreiche Dame der großen Welt" sah – und wieviel Mißbrauch trieb man mit dem Wort „Geist"! Freilich, er gehörte zur Dekoration. Und Napoleon verstand ihn wohl nur als Intelligenz... so ungefähr mag er Goethe gesehen haben, sehr nüchtern und bewundernd wegen seiner Haltung in einer fatalen Situation. „C'est un homme!" und Goethe lächelt, nicht devot, eher ein bißchen herablassend: Länder, Leute, Reichtümer und Luxus – und dagegen ein paar schmale Buchbände? Aber Napoleon scheint doch auch davor eine – wenn auch distanzierte – Achtung zu haben; immerhin hat er Plutarch gelesen, Seneca und vielleicht Caesar...

Der Großherzog ist geflohen, Lotte mit den Kindern hier und dort, die Herzogin Luise nimmt sie schließlich im Weimarer Schloß auf, mit Christine kampiert die Familie im Flur.

Mitten im Trubel und Lärm plündernder, betrunkener Soldaten taucht unverhofft Schwester Karoline mit dem Söhnchen Adolf auf, zerzaust, aber gesund. In ihrem Haus hat sie ihre tüchtige Hilfe zurückgelassen, die freilich bei den ausgelassenen Marodeuren nicht erreichen konnte, daß das Mobiliar geschont, die Vorräte erhalten wurden. Ihr Haus ist verwüstet und ausgeraubt zurückgeblieben, als Karoline heimkommt. Schillers und Goethes Häuser bleiben fast gänzlich verschont — am Frauenplan, dem Haus Goethes, spielt sich die bekannte Szene ab, bei der Christiane ihren Hausherrn beschützt, der sie daraufhin zu seiner rechtmäßigen Frau macht.

Das Heilige Römische Reich Deutscher Nation hat aufgehört zu bestehen . . . Die meisten deutschen Fürsten sind dem Rheinbund beigetreten, Napoleon hat Kaiser Franz II. zum Rücktritt aufgefordert. Er hat bei Austerlitz, bei Jena und Auerstädt gesiegt, hat über England die Kontinentalsperre verhängt, das ganze eroberte deutsche Land organisiert, ihm neue Gesetze, neue Grenzen gegeben.

Fünf Jahre nach Schillers Tod heiratet Napoleon Marie-Louise, die Tochter des österreichischen Kaisers Joseph. Ein Jahr danach schenkt sie ihm einen Sohn, den „König von Rom".

In Weimar hatte sich wenig geändert. Geschickt und zäh hatten Wolzogen und der Kanzler von Müller verhandelt; die kleine Stadt schien keine politische Bedeutung zu haben.

Weimar ist nahezu in den Alltag zurückgefallen, nicht für Lotte, nicht für die Kinder. Und auch für Goethe nicht: Goethe hat Schiller verloren, anders als Lotte und die Kinder. Ihm fehlt der ebenbürtige Gegenspieler, der Anreger, Kritiker, der phantasievolle, einfallsreiche, der Logiker und Lyriker — und der Dramatiker, da sie beide sich auf dem weiten Gebiet unaufhörlich begegnet sind und verglichen haben.

Und wo Goethe die organische Entfaltung suchte, hatte Schiller den dramatischen Effekt im Auge, die Bündelung des ganzen tragischen Geschehens in ein paar Worten.

Es klingt nach, verstärkt und verklärt fast, was Goethe über ihn denkt und sagt; der getreue Eckermann — ob Goethe bei seiner Ballade vom getreuen Eckart an ihn gedacht hat? — Eckermann schreibt alles auf, zuviel fast, was da an seine Ohren dringt, Goethes Gedanken, die er für unersetzlich wichtig hält.

Sie sind es auch wirklich für Lotte, für die Kinder, die sie erst später vor Augen haben werden; anders, entfernt, geformter als Lottes rein gefühlte Erinnerung stehen da die Sätze und sagen endgültiger, was der große Freund dem großen Freund gewesen ist.

Die zwei Dichter haben sich ja nicht bloß über Philosophie besprochen, vielleicht gestritten; sie waren beide Dramatiker und haben Prinzipien des Theaters und der dramatischen Dichtung recht verschieden beurteilt — damals ging man ungemein oft ins Theater, es gab keine andere Möglichkeit mitreißender Darstellung als das lebendige Theater.

Vielleicht ist es das, was man das Männliche an Schiller genannt hat, diese allerknappesten Formen, die alles umgreifen und treffen — diese Dramenschlüsse: „Der Lord läßt sich entschuldigen, er ist zu Schiff nach Frankreich", oder im ‚Don Carlos': Ich, der Vater, habe der Kirche meinen Sohn geopfert, habe das Außerste, Letzte getan, das große Opfer, wie Abraham den Isaak geschlachtet — „tun Sie das Ihre", das heißt doch nichts anderes als: „Ihre Henkerspflicht!" Konzentrierter läßt sich keine Tragödie beschließen!

Da, in einer inneren Gespanntheit, die Goethe gefangenhält, als er aus der Weite in die Enge, aus Italien ins oft verdrießliche Amt zurückkommt — die großangelegte „Seelenliebschaft" zu Frau von Stein zerbröckelt ist, er sich in die Ideen der Urpflanze vergräbt, spekuliert, Systeme auftürmt, reißt ihn die Berührung mit Schiller, dem Jüngeren, der stürmendwerbend auf ihn zukommt, aus der Verkrustung heraus: Ganz zufällig wird doch wohl die Begegnung der beiden nach der Sitzung der „naturkundlichen Gesellschaft" kaum gewesen sein.

Einmal heißt es bei Schiller, der andere sei „wie eine spröde Schöne, der man ein Kind machen müsse" — Thomas Mann hat recht gesehen: Eine burschikose, pubertäre, „ein wenig übertreibende“ Formulierung, stürmisch und bubenhaft, aber dabei ist die ganze „Werbung“ recht diplomatisch angelegt gewesen. Denn wirklich, sie werden Freunde, was immer das vielverwendete Wort in jedem Fall bedeuten kann.

Theorie und Spekulation sind Vorstudien, nicht das Wesentliche. *„Eigentlich ist es doch nur die Kunst selbst“*, sagt Schiller, *„wo ich meine Kräfte fühle, in der Theorie muß ich mich immer mit Prinzipien plagen.“*

Es ist etwas wie eine zweite Unschuld, die er sich erringt, aus dem spontanen „Bilden“, dem genial Instinktiven des reinen Schöpfungsaktes, wird ihm, durch die Reflexion legitimiert und geläutert, das „Kunstgebild der reinsten Art“, wie es viel später Mörike nennt.

Oder in Schillers Gedanken: *„Bin ich aber erst so weit, daß mir Kunstmäßigkeit zur Natur wird, wie einem wohlgesitteten Menschen die Erziehung, so erhält auch die Phantasie ihre ewige Freiheit zurück!“*

Aber das, ein Ineinander von höchster Bewußtheit und von Intuition, *„ein Flügelschlag, und hinter uns Äonen“*, ist nur den Genialen geschenkt.

Lotte hat Augenblicke des Gespürs, sie hat Funken aufgefangen, Zusammenhänge geahnt, wie man durch einen Felsspalt in eine arkadische Landschaft schaut, „Augenblicke“ nur, im eigentlichen Wortsinn: Und hat, allein geblieben, nur noch das große Grundgefühl behalten können.

Manchmal müht sie sich um das „Ganz-Eins-Werden“, die völlige Einfühlung: aber sie hat ja zuerst die andere Aufgabe, das ruhige Continuo zu intonieren und einen Nährboden zu bilden für das um sie her wachsende kleine Leben, eine sichere zuversichtliche Grundstimmung festzuhalten; das nimmt sie als ihre erste Pflicht auf sich.

Es ist nicht leicht, man sieht in ihr die zweitrangige Figur, die – bei aller Bildung und Gelehrsamkeit – eher ein trübes Anhängsel der aufschwebenden

Lichtgestalt wäre, ein Bild, das Lotte selber eher unterstreicht.

Die Kinder wachsen heran, Lotte pflegt bewußt einen weitgespannten Briefwechsel, auch im Gedanken an sie und ihre zukünftigen Wege.

Sie hat damit rechnen dürfen, daß man sie am Weimarer Hof freundlich und hilfreich unterstützen werde, wenn die Söhne in das Alter kommen, zu studieren. Man hoffte für die Töchter auf Hofstellungen, auf irgendeine Versorgung, aber vielleicht waren das alte Aversionen, vielleicht war Goethe nicht aktiv genug, vielleicht auch hatte Lotte den Fehler gemacht, den allmächtigen Kanzler von Müller zu verstimmen? Er hatte für Weimar – das winzige Fürstenstädtchen – und für die Duodezprinzen Vorteile herausgehandelt, hatte früher schon eine dynastisch und finanziell vorteilhafte Heirat zustandegebracht und spielte in Lottes Kreisen eine unübersehbare Rolle – freilich war *er* kein Schillerfreund.

Schiller ist acht Jahre tot, als die „Befreiungskriege" und die große Völkerschlacht bei Leipzig den Sieg über die Franzosen bringen, dem der Abfall der Rheinbundfürsten und der Zusammenschluß Preußens mit Rußland und Österreich folgt.

Da wankt und schleicht die ruhmreiche *Grande Armée* durch die Eiswüsten Rußlands, von Kosakenschwärmen wie von Hornissen umzingelt und umritten und von der Kälte in ein unvorstellbares Elend gejagt: Hinter ihnen brennt das Heilige Moskau, an allen Enden zugleich aufgeflammt, und es hält sich wie ein zäher Fluß das Gerücht, man habe die Stadt angezündet, um „tote Erde" zu schaffen.

Ein Mensch namens Leppich, aus Holland hereingeweht, habe seine feuergefährlichen chemischen Experimente zuerst in Württemberg, dann, vom König ausgewiesen, in Rußland betrieben und – so wurde geredet – tausend Sträflinge angeleitet, mit seinen Zündstoffen Feuer zu legen.

Man nannte als Beweis dafür, daß die Stadt an allen Enden zugleich in Flammen gestanden habe – und es gab kein Quartier für die erschöpfte Armee, keine Wärme am Herd, keine Nahrung, kein Getränk, keine Frauen!

Das zurückflutende Heer strich als Gespensterzug durch die Schneewehen, ließ wie abfallende Trauben Gruppen und Haufen erstarrender Leiber hinter sich, die bald im Schnee ihre Gestalt verloren.

Die siegesgewohnte Armee war ein Häuflein jammerwürdiger Kranker geworden. Napoleons glorreiche Soldaten!

Und er, der „Weltgeist zu Pferde", wie ihn Hegel begeistert genannt hatte, brauste im Schlitten an ihnen vorbei, Frankreich zu, und seine Gesundheit sei nie besser gewesen, wurde gemeldet.

Die geschlagene Armee fühlte sich verkauft, verraten, preisgegeben, und jede Ordnung löste sich auf: Es geht nur noch darum, das nackte Leben zu retten. Nichts scheint mehr verläßlich. Wo sie einfallen, ist es keine disziplinierte Truppe mehr, nur eine Horde halbirrer Räuber, jeder fürchtet ihr Näherkommen wie einen bösen Steppenwind, wie eine todbringende Seuche, vor der alles zittert, gegen die es keine Mauern und Zäune mehr gibt.

Umbrüche, Umwälzungen, der Erdboden bebt. In Danneckers Werkstatt steht etwas Festgefügtes, etwas für immer Gemachtes, an dem der Mann hie und da wieder herumbosselt: Damals, um die neunziger Jahre, als die „liebe Simanowiz" Schiller malte, hat auch der Freund Dannecker den Entschluß gefaßt, ihn für alle Kommenden festzuschreiben, festzuhalten: „Ich muß Dich machen!" hieß es damals, und die Büste entstand, langsam wachsend.

Aber als sie vollendet war, schrieb Lotte: „Ach, wie ist die Büste so einzig, wie groß und schön über Welt und Zeit steht sie da! Dieser Eindruck soll mir noch wohl-

Ernst von Schiller (Schillers zweiter Sohn)

thun, wenn ich den Erinnerungen der Welt nach und nach Lebewohl sage! So kann aber nur ein Freund seinen Freund bilden!“

Dannecker war einer der Gefährten aus der Hohen Carlsschule, ein Mensch mit einem seltenen Schicksal und einem Weg, der ein erhellendes und sogar versöhnliches Licht auch auf den Herzog Carl Eugen wirft, der Lotte als der Urtyrann, der Minotaurus und Lebensverkümmerer erschien. Aber man wußte auch, Carl sammelte Talente und – wenn möglich – Genies für seine Schule. Natürlich mußten sie zur höheren Ehre Serenissimi wirken und werken. Da gab es einen Roßknecht unter seinen Leuten, der einen begabten Buben hatte – so fängt das Märchen an – einen Sohn, der auf allerlei Schiefertafeln und Papierfetzen, wie er sie eben fand, zeichnete und kritzelte.

Der witterte die für alles Kreative empfängliche Luft unter den jungen Leuten der neuen Schule und verlangte von seinem Vater, dem Roßknecht, da hingeschickt zu werden – wo man lernen, aufnehmen, sich entwickeln könnte.

Der Vater verhaute ihn und meinte, „ob er nicht recht im Kopf sei“? Und sperrte ihn ein. Der junge Heinrich kratzte sogar in der Kammer, hinter dem festen Riegel, seine Gebilde an die Wand.

Dann kam Ostern, das Fest, an dem der Herzog mit seiner Franzel die Kinder der „bedürftigen Leute“ in seinen Park kommen ließ, zum Ostereiersuchen.

Heinrich kletterte aus dem Kammerfenster und lief mit ein paar Gesellen hin. Der Herzog, triumphierend über den „banausischen Vater“, nahm ihn auf, zunächst ins Tänzercorps, da dort großartige Auftritte mit Pferden und Ballettänzern, Kavalkaden und federgeschmückten Prunkwagen veranstaltet wurden. Der Vater Dannecker machte sich, da er dem fürstlichen Befehl nicht widersprechen konnte, verärgert damit vertraut, daß sein Sohn ein Schüler des großen Vestris, des Pariser Solotänzers, werden müsse.

Aber der junge Heinrich schlich sich gelegentlich in Guibals Malklasse und fiel dort auf; Guibal, der sich mit pompösen Allegorien in den Schloßgemächern einen Namen machte und dessen Vater Bildhauer gewesen war, erkannte die plastische Begabung des Burschen und schickte ihn zu Lejeune in die Bildhauerklasse.

Dannecker hat später viele bedeutende Köpfe und anmutige Frauen seiner Umgebung gemeißelt – den König und seinen Minister, den Grafen Zeppelin, Lavater, Jungstilling, und sein „Milon von Kroton, vom Löwen angefallen", hat ihm den Beifall des Plastikers verschafft.

Lieblich fand Lotte seine Mädchengestalt „mit dem toten Vogel", die er aus einer persönlichen Bewegtheit heraus spontan geschaffen hatte.

Als Höchstes, was ihm gelingen konnte, erlebte er selber die Schillerbüste, die das Große, wie auch Goethe es sah, das Heroische und Leidende, das Durchglühte und ein wenig auch das Schwäbisch-Gemütvolle festhielt, die Einzigartigkeit des Menschen und unter der herrlichen Wölbung der Stirn die Gedankenfülle und Reinheit, als wäre sie immer gegenwärtig.

Karoline von Wolzogen hat einen leidenden Mann – er hatte sich in Rußland und bei seinen diplomatischen Reisen ein schweres Herzasthmaleiden zugezogen und siecht schließlich monatelang hin, bis er 1809 sterben kann; sein Assistent und Vertreter, ein junger Diplomat, zieht die immer erlebniswillige Karoline unwiderstehlich an, aber der korrekte Herr von Mühlemann versagt sich der schwärmenden Karoline.

1809 muß Lotte ihren Ältesten, Karl, auf die Tübinger Forstakademie schicken, und sie empfindet das als ersten, besonders schweren Abschied von dem kaum siebzehnjährigen Sohn. Dort wohnt er im Haus des befreundeten Verlegers Cotta, freilich nicht über die ganze Studienzeit – Cotta zieht nach Stuttgart mit seinem gesamten Verlag. Aber Stuttgart hat ja noch immer negative Aspekte für Lotte. Sie richtet dem Sohn in Heidelberg eine Wohnung ein und zieht mit den kleineren Kindern dorthin — für sechs Wochen „himmlischer Ferien" in der schönen Neckarflußlandschaft.

Ernst, den zweiten Sohn, der dem Vater am ähnlichsten ist in Wesen und Aussehen, läßt sie im Jahre 1812 nach Heidelberg zu seinen juristischen Studien reisen; schwerer noch als der Abschied von Karl fällt ihr die Trennung von ihm.

Er ist begabter als der Bruder, aber auch gefährdeter durch eine zarte Konstitution.

Karoline von Wolzogen, die Schwester, hat dringend gewünscht, daß auch ihr Sohn, der ein Jahr ältere Adolf von Wolzogen, dort studiert, und Lotte hat schließlich, der Schwester zulieb, eingestimmt, obwohl sie Bedenken hatte: Adolf ist ein verschwärmter Bummelant, der sein Studium nicht ernst nimmt, er hat viele Züge der sprunghaften Mutter, ohne ihre blitzende Geistigkeit, macht sich's bequem und hat, als die beiden Vettern dann miteinander studieren, einen ungünstigen Einfluß auf den jungen Ernst, der zudem auf ein regelmäßiges pflegliches Leben angewiesen war, schwächlich wie er ist.

Es erweist sich denn auch, daß Karolines mütterlicher Einfluß nicht sehr weit reicht, zumal der Vater fehlt.

Inzwischen greifen die politischen Ereignisse bestimmend auch in das Leben der Schillers und Wolzogens ein.

Der Wiener Kongreß beginnt. 1815 ist Napoleon in Südfrankreich gelandet, der „Moniteur" berichtet in immer sich steigernder Huldigung über seine militärischen Fortschritte. Keiner wagt mehr, vom „korsischen Ungeheuer" zu schreiben.

Im März ist er in Paris. Aber im Juni wird sein Heer in der Schlacht bei Waterloo entscheidend geschlagen, der Kaiser entthront und nach Sankt Helena verbannt. Er ist isoliert, lebt beständig in der Angst, langsam vergiftet zu werden, plant Manches und verärgert Viele und ist im Großen nichts mehr, im Kleinen ein Zerrbild seiner selbst geworden.

Heinrich Voß, der alte Schillerfreund, sorgt auf Lottes Drängen für einen Wechsel des Studienortes der Söhne, sie zieht nach Jena. Karl hat sich ins „militärische Leben“ gestürzt und sich zum Heer gemeldet.

Aber nach Abschluß der Studien sieht es trübe aus, wenn man auf eine Anstellung in Weimar gehofft hat. Auch Frau von Stein vermag da nichts.

Lotte schreibt an die Schwägerin (10. Oktober 1810):

„. . . Ich war 6 Wochen in Heidelberg. Meine Gesundheit, meine Stimmung, meine Sehnsucht nach Karl forderte diese Reise, die auch, wie ich hoffe, nützlich wird gewesen sein für Karls Bildung und für Ernsts Gesundheit. Es ist ein himmlischer Aufenthalt, und die reiche Natur stärkt das Gemüth und gibt neuen Glauben und Kraft in die Seele. Ich habe dort ganz still gelebt und nur die Voß'sche Familie täglich gesehen, und habe alle Berge bestiegen. — In Mannheim war ich auch, wo die lieben Benzels mich wie eine Schwester empfingen. Der Graf Benzel hat sich stets für Schiller und die Kinder lebhaft interessiert. — Jetzt, da ich es nun eingerichtet habe, daß Karl in Heidelberg studieren soll, ist es mir recht tröstlich, daß ich Graf Benzel so nahe weiß, der ihn väterlich ermahnen und berathen wird. — Cotta hat ein großes Haus in Stuttgart gekauft und zieht künftigen Monat mit der ganzen Familie hin. Er wollte Karl mitnehmen; du weißt, daß dort die jungen Leute viel Anlaß zur Zerstreuung haben und auch kein guter Ton dort herrscht; also dorthin hätte ich ihn nicht gethan. In Tübingen ist es so traurig, und ohne die Familien-Verhältnisse von Cotta wäre er dort noch mehr Gefahr ausgesetzt, weil ein roher Ton dort herrschen soll. — In Heidelberg kann er viel lernen für das Forst- und Kameralwesen. Die Voß'sche Familie wird ihn wie einen Sohn betrachten. Der Professor, der mehr mit der Welt lebt und viel Einfluß auf ihn haben kann, wird ihn auch immer unter Aufsicht haben. Der Graf Sponeck, der ehemals mit Schiller in der Akademie war, hat mir auch alle Sorgfalt versprochen. Er ist Forstrath und liest Collegien in Heidelberg. Er soll sehr viel wissen und hat den

Vortheil, daß er auch für das Leben ausgebildet ist und nicht wie die eigentlichen Gelehrten die Welt nur aus Büchern kennt. Er hat mir auch versprochen auf Karls Betragen Acht zu geben und mit ihm die Jagdpartien zu machen, wo er auch zugleich instructiv zu Werke geht. Auch ein sehr guter Mathematiker ist dort. — Die Universität ist auch ruhig jetzt, und da Karl nicht Neigung zum rohen Leben hat, so wird er sich, habe ich alle Hoffnung, vernünftig und anständig betragen. Er hatte eine große Freude uns wieder zu sehen.

Ernst war auch die ganze Zeit mit in Heidelberg und ist recht groß und untersetzt geworden; er ist noch gewachsen, seit er bei dir war. — Vielleicht ist er jetzt in diesen Tagen bei der Tante Louise. — Ich selbst konnte sie auch nicht sehen. Mein Herz war mir gar zu schwer! — Kaufmann Rapp, Danneckers Schwiegervater reiste nach Frankfurt durch Heidelberg und ladete mich so herzlich ein, nach Stuttgart zu kommen, bei ihm und Dannecker zu wohnen. Da ich Karl doch noch bis zu Ende der Ferien in Tübingen besser versorgt weiß, so mußte er doch die Reise wieder machen und ich brachte ihn bis nach Stuttgart und blieb fünf Tage dort. — Liebe Schwester! Ich möchte du könntest hin. Der Anblick von Schillers kolossaler Büste ist einzig! — Der Schmerz, den ich auf der Hinreise fühlte, als wir in Ludwigsburg neben dem Hause die Pferde wechselten, wo wir wohnten, wo Karl geboren wurde, wo die guten lieben Eltern, wo Nanette mit uns war! Ach, Liebe, es war mir der schrecklichste Moment meines Lebens, alles dieß als vorübergegangen ansehen zu müssen! Wir Lebenden können uns keinen Trost geben; dieß fühlte ich in dem Moment so erschütternd. — Ich kam auch so in der Stimmung in Stuttgart an, und die erste Nacht war mir in meinem Gemüthe so traurig, daß ich beinahe ohne Leben war. Als der Tag kam, wurde es mir wieder besser, und ich konnte doch mein Gefühl verbergen, denn ich hätte den guten Menschen Angst gemacht, die mich so freundlich aufnahmen. An Schillers Büste stärkte sich mein Gemüth wieder und ich bin froh diesen Eindruck in mir fest zu halten. Er ist so menschlich, so ähnlich und dabei so erhaben über die Welt und das Schicksal, daß es einem ist, als spräche sein Geist uns noch sichtbarer Trost und Mut zu. — Wie

Dannecker seinen Freund liebt, ist so rührend. Auch kann nur ein Freund so bilden." –

Am 5. August 1814 schrieb Charlotte von Schiller an ihre Schwägerin:

„... Karl hat zu meiner großen Beruhigung nicht das im militärischen Leben gefunden, was ihn fest halten könnte, und ich höre, er treibt sein Forstwesen recht eifrig.

Ernst ist auch fleißig in Jena. Gott segne sie! Sie geben mir gute Hoffnungen für die Zukunft. – Die Töchter sind auch recht brav. – Karolinchen hat eine rührende Güte und Unschuld und ist recht klug und beschäftigt sich gern ernsthaft. Auch hört sie sehr gern Gesprächen zu, die sie ausbilden können. Überhaupt hat sie nichts in sich, was ich so oft an jungen Mädchen ungern finde. Sie ist nicht so sehr auf die Lustbarkeiten erpicht, und der Staat ist ihre Hauptbeschäftigung nicht. Sie lernt ihre Kleider jetzt machen. Zum Zeichnen der Blumen hat sie großes Talent. Wie viel könnte sie von der lieben Tante lernen, wenn du uns näher wärest! – Du hast einmal unter Zeichnungen von dir eine Moosrose geschickt, die ziert die Stube der Nichten ...

Jean Paul hat wohl recht, wenn er sagt: Einer Frau, der so viel abstirbt, ehe sie stirbt, bleibt oft nichts als eine ruhige, gleichmüthige Ergebung.

So rede ich von mir selbst; doch wenn ich meiner Kinder und Freunde gedenke, möchte ich manche schöne Hoffnung noch fest halten. Meinen Söhnen geht es in ihrem Kreise glücklich. Sie haben das Vertrauen ihrer Obern und die Liebe derer, mit denen sie leben.

Der Justizminister hat Ernst manche günstige Beweise von Anerkennung gegeben, und ich hoffe, daß er bald Landgerichtsrath werden wird. Seine Thätigkeit, seine Geschicklichkeit hat man anerkannt; da er sich dies Alles allein erworben und zu danken hat, so freut es mich doppelt. Mein ältester Sohn lebt in der schönsten Gegend von Schwaben, im ehemaligen Zaubergau, jetzt Zabergäu genannt. Er geht auch einer höheren Stelle entgegen. Ich habe die Beruhigung gehabt, dem König selbst danken zu können und ihn seiner ferneren Gunst zu empfehlen. Ich sehne mich sehr, Karl wieder zu sehen, und mein Herz folgt bald dem Lauf des Rheins und bald dem Lauf des Neckars. Die Ilm fließt trüb und düster wie der Styx gegen diese schönen Flüsse, an deren Ufer ich still wandle. Bald werde ich zur Saale eilen, denn die Sorge um meine Mutter ruft mich. Einstweilen war Emilie seit dem December dort. Sie fehlt mir sehr, aber es war nothwendig, und sie hat treu die Großmutter gepflegt.

... Heute früh war ich im Park. Die Blumen sind wunderlieblich dieses Jahr, zumal die Winden; des Abends schließen sie sich, und ich sah sie nie nach Sonnenuntergang offen. Heute früh lachten sie alle und wollten sich über den Tag freuen. Eine Blume möchte gern zu Ihnen gehen, und ich sende sie ..."

Ein Netz sich kreuzender Gedanken und Empfindungen schwirrt als Briefe um die Vereinsamte. Lotte pflegt, soviel sie kann, alte Verbindungen, an denen die Kinder freilich kaum mehr teilhaben mögen. Sie sind erwachsen, im Beruf, im Studium, vor der Heirat.

Sie fühlt sich isoliert, sorgenvoll, müde... Ihre Augen versagen manchmal, die geschliffenen Linsen helfen wenig, trotzdem schreibt sie, mühsam, um die Freunde nicht warten zu lassen, und hält den Kontakt zu den schwäbischen Verwandten mit Herzlichkeit aufrecht.

„März 1814

... Mein Uhlane war in seinem letzten Brief in großer Hoffnung auszurücken und sollte über Eisenach nach Coblenz; doch glaube ich noch nicht so bestimmt daran. Er exerziert einstweilen und lernt sein Pferd behandeln. Er sieht sehr hübsch aus; freundlich und wohlgemuth trabt er auf seinem Thier und denkt wie der Holkische Jäger in Wallensteins Lager, sieht mild und ernsthaft aus, doch wie wenn er auch auf das Gesindel unter sich herabblickte.

Ernst ist viel ruhiger und besonnener in Jena. Er ist fleißig, studiert Latein und den Justinian; Geschichte hörte er bei Luden und ist nie müßig. Er hat einen feinen Weltsinn, den ich nicht in ihm erwartete, sehr viel Verstand, Urtheil und Scharfsinn. Der poetische Sinn entwickelt sich nicht so, als ich ehemals glaubte, doch sagt er, daß Alles seine Zeit habe, daß er jetzt sammeln müsse, um einst hervorzubringen; und je reicher er in sich würde, je mehr könne er wieder aussprechen; und darin hat er wohl recht. Er reitet und ficht und ist recht gewandt . . .“

Nachdem der Großherzog Schillers Sohn Karl in seinen Forsten nicht unterbringen konnte – so wenigstens ließ er den Minister von Gersdorff schreiben – verwandte sich General von Wolzogen, Karolines Schwager, in Württemberg für ihn, und König Wilhelm I. reagierte sofort und betonte, es freue ihn, den Sohn eines Mannes, auf den Württemberg stolz sein könne, in seine Dienste zu nehmen.

Es mag Lotte seltsam berührt haben, diesen Bescheid von einem Nachfolger des Herzogs Carl Eugen zu hören, der den Vater Karls des Landes verwiesen und eingesperrt hatte.

König Wilhelms Vater, Friedrich I., der Neffe Carl Eugens, war der erste württembergische König, von Napoleon auf den Thron gehoben; er trat die Nachfolge seiner beiden nur kurz regierenden Onkel an, Ludwig Eugen und Friedrich Eugen, die beide je nur etwa ein Jahr lang herrschten.

Wilhelm war ein kultivierter und in seinen Grenzen loyaler Regent, und nachdem der Oberforstmeister von Gemmingen Karl von Schiller ein sehr günstiges Zeugnis ausgestellt hatte, erhielt er die erhoffte Stelle in Altshausen, wo ein Zweig des Fürstenhauses saß. Karl war ein mittelmäßig begabter, zuverlässiger Beamter, der seiner Pflicht mit Eifer nachkam; seine Neigung zum Forstfach ging, wie Lotte meinte, auf das Erbe ihres Vaters, des Freiherrn von Lengefeld, zurück.

Der König erhob Karl später in den Freiherrenstand.

Auch für Ernst von Schiller verwandte sich der General von Wolzogen – es scheint, daß ohne „Konnexionen“, wie man damals sagte, selten ein beruflicher Aufstieg erreicht wurde. – Ernst hatte in Tübingen, Heidelberg und Jena Jura studiert und mit glänzenden Zeugnissen abgeschlossen.

Lotte hat einmal, gewiß ihrem Wesen gemäß ohne Voreingenommenheit, in seinen Lebensweg eingegriffen, als er sich leidenschaftlich in eine schöne Jüdin verliebte, deren eigenartiges Wesen die Mutter instinktiv befremdete; ihr Gefühl erwies sich leider als richtig — das Mädchen wurde geisteskrank.

Schwer mag Lotte auch unter dem plötzlichen Tod ihres Neffen Adolf gelitten haben. Sie fühlte sich der Schwester immer noch sehr nah und für den labilen Adolf mitverantwortlich. Es hieß, trotz seiner zunehmenden Krankheit, er sei nicht aus „natürlichen Ursachen" gestorben und der „Jagdunfall", den man der Mutter Karoline vortäuschte, sei ein Selbstmord gewesen.

Die ältere Tochter Lottes, Karoline, hatte pädagogische Begabungen, die sie ausbildete. Sie wurde Prinzenerzieherin am Hof des Herzogs Eugen von Württemberg, wohin sie der hilfreiche Onkel von Wolzogen vermittelt hatte. (Sie heiratete nach Lottes Tod 1838 den verwitweten Bergrat Junot in Katzhütte bei Rudolstadt. Als ehemalige Leiterin eines Mädcheninternates war sie wohl der schwierigen Aufgabe einigermaßen gewachsen, die ihr die sechs Junotschen Kinder aus erster Ehe gestellt haben mögen.)

Lotte lebte ihren Erinnerungen — sie wollte, bei aller Lebendigkeit und dem freundlichen Aufgeschlossensein ihrer Umgebung gegenüber — nichts anderes, als in Schillers Atmosphäre, in seinem schützenden, wärmenden, hinaufweisenden Abglanz existieren. Sie „hütete das Andenken", wie man so sagt, aber sie „hütete" auch sich selber vor einer übersteigerten, krampfhaften Erstarrung in der Luft dieser Erinnerung.

Die frische, trotz aller dunklen Eindrücke in der frühen Kindheit immer zuversichtliche Emilie war ihr, der Mutter, noch eine Weile zur Seite, und sie begleitete auch die Mutter auf einer Fahrt — man kann die größeren Reisen von damals ja nicht als kleine „Touren" nehmen — Pferdewagen, Extrapost lohnten sich kaum ohne längere Aufenthalte.

Karoline Junot (Schillers ältere Tochter)

Die beiden, Mutter und Tochter, fuhren Anfang des Jahres 1824 nach Reichenbach, um an Karls Hochzeit mit Luise Locher teilzunehmen, einer schönen und festlichen Begegnung der Familienglieder; und daß die Braut Luxus und Anmut liebte, sah Lotte eher als einen Zug von glücklichem Schönheitssinn denn als spießig verurteilten Übermut.

Die treue Lotte Speck begleitete die zwei Frauen. Sie war eine Dienerin, die eigentlich zur Freundin geworden war, einfühlsam und zuverlässig; sie sorgte auch mit einer mütterlichen Zuneigung für die junge Emilie, von der übrigens Wilhelm von Humboldt in einem früheren Brief an seine Frau schrieb: *„Sie hat so etwas Einfaches, so Reines, Edles in den Zügen, etwas so durchaus Jungfräuliches, ohne im Gespräch irgend berechnend zu sein, daß man so etwas gewiß nur äußerst selten erblickt."*

Nach der Hochzeit reisen sie weiter, nach Köln zu Ernst, dessen Frau sie jetzt erst kennenlernen. An seiner Hochzeit mit der verwitweten Helene von Mastiaux hatte Lotte im Jahr zuvor nicht teilnehmen können, aus einem traurigen Grunde — sie wurde zusammen mit ihrer Schwester Karoline zur Mutter gerufen, zu *Madame mère,* die achtzigjährig und schon länger sehr schwach war und dringend die Töchter zu sich rief. Am 11. Dezember 1823 starb *„chère mère"*.

Beschwingt von dem heiteren rheinischen Temperament der neuen Schwiegertochter, die zehn Jahre älter als Ernst, ein elfjähriges Töchterchen mit in die Ehe brachte, blieb Lotte für längere Zeit in Köln. Dort mietet man eine eigene kleine Wohnung, denn Lotte leidet mehr und mehr unter einer zunehmenden Augenschwäche, die ihr das kaum entbehrliche Glück des Lesens erschwert; Lotte Speck und Ernst nehmen ihr die nötigsten Schreibereien ab.

Emilie hilft, aber Lotte sieht schweren Herzens ein, daß etwas getan werden muß: Man hat ihr den berühmten Augenarzt, Professor von Walther in Bonn, empfohlen, der für Staroperationen bekannt ist und gerühmt wird. Und Lotte fährt hin, mit Ernst, mit Lotte Speck, hoffend und doch resigniert, denn was sie erwarten darf, ist ja kein triumphaler Erfolg, und den will sie vielleicht auch nicht mehr.

Zu lange hat sie den Nächsten in einer fernen Dunkelheit gelassen, zu lang allein, und mag auch ein leuchtendes überirdisches Licht über seinem Bild stehen – sie, Lotte, glaubt daran, daß er sie erwarte, daß er sie rufe, daß sie mit ihrem Zurückbleiben eine unschuldig begangene Schuld auf sich lade – sie will sterben.

Das freilich ahnt niemand und soll es auch nicht, und Lotte ergibt sich der Operation des großen Arztes wie einem unabwendbaren Geschick, gefaßt, gelassen und für die Jüngeren mit einer Miene freundlich-tröstender Stärke.

Die Operation sei gelungen, verkündet Walther nachher erleichtert, man solle die Frau Hofrätin nur ruhen lassen, es werde alles getan, was nötig sei. – Aber Emilie hielt es für richtig, Ernst zu rufen; auch Karoline wurde benachrichtigt.

Die Schiller-Kinder reden ununterbrochen – sie wissen, daß Charlotte gut behütet ist; daß sie „selig“ schläft, nehmen sie an, „selig“ heißt jetzt „der Genesung entgegen“.

Sie sind beide beruhigt, aber doch so bewegt, daß die aufgewühlten Erinnerungsfetzen sie nicht mehr loslassen. Da steht der Vater groß vor ihnen. Die Mutter, Charlotte, mit ihrer sanften Duldung, wird ihm die gleichlautende und doch auch ganz andere Stimme zugesungen haben, das Continuo, das seine Felsenstürze und Lavaströme auffing und ausglich...

Sie verstanden beide jetzt mehr davon als bei früheren Begegnungen: Sie gingen beruhigt hinaus.

Indessen schlief Charlotte nicht – sie hatte, als ein Riesenbild und einen leuchtenden Umriß, den geliebten Mann gesehen und war ihm zugeeilt, wie sie meinte, sie wollte die verschnürten Binden abreißen, um ihm nah zu sein, und war, wie in der Bibel Jephtas Tochter und sie wußte es – dem Tod verfallen.

Aber jetzt, seit sie das wußte, lag sie fast schmerzlos und empfand ihr Fieber als Wohltat, die alles Angelernte und Aufgezwungene wegflößt.

Sogar der große lichte Schatten war plötzlich nichts Überwältigendes mehr, nicht mehr die überbordende Flutwelle, der sie willenlos anheimfiel.

Unerwartet spürte sie jetzt sich selber, sich, die immer Verdrängte, durch eignenen Willen Niedergehaltene, eng Verklammerte und Verschnürte, die an der letzten Schwelle aus ihren Wickelbändern ausbrach, als dränge der Falter aus der Puppenhülle.

Aber da sie ihn nicht mehr neben sich spürte, taumelte sie, immer matter, sie glaubte fest, daß sich die schweren Schickungen, der unerhörte Verlust auch im Äußeren ausdrücken müsse, im Körperlichen, als wäre ihr Augenlicht ohne den großen Menschen an ihrer Seite zum Erlöschen verdammt, und die Verborgenheit, in die sie die dickverbundenen Augen zwangen, schien ihr jetzt als völlige Verlassenheit, als eine Gefangenschaft, aus der sie ausbrechen wollte, um nur wieder einen Schimmer von dem gewaltigen Licht zu erreichen, das um sie und in ihr gewesen war mit Schillers Gegenwart.

Sie lag und versuchte sich zu besinnen, während mehr und mehr die Nebel des wachsenden Fiebers sie verwirrten und ein bohrender Kopfschmerz hinter den verletzten Augen sich einzunisten anfing.

Sie hatte strenge Weisung, sich nicht zu rühren, nicht aufzurichten, nicht aufzuregen. Kein Lichtstrahl durfte die Augen treffen.

Sie weiß, daß sie schlafen soll, das Mittel wirkt betäubend, aber das aufsteigende Fieber macht sie hellsichtig und doch in einer seltsamen Art schwebend, die Proportionen sind ihr verschoben, die Maße verzerrt, sie lebt in einer Gegenwart, die keine mehr ist, und doch zugleich in der Vergangenheit, die ihr unter einem überirdischen Aspekt verklärt erscheint.

So rast und flutet alles an ihr vorbei, die frühe Jugend, sie sieht die kleinen Szenen schnell und unzusammenhängend hinhuschen, die Heimkehr des völlig erschöpften Vaters, den seine zunehmende Lähmung quälend behindert, und der seiner Familie und seinem starren Berufsethos zuliebe weit über seine Kräfte ausgehalten hat im Beruf, bei Ritten, bei Gängen durch die fürstlichen Forste, in der Winterkälte, mit kleinen Unfällen, Ausgleiten auf dem Eis, Stürzen über Wurzeln, und später, immer in der Sorge, seine Stellung zu verlieren, mit Wagenfahrten wenigstens die fahrbaren Erkundungsgänge unternahm.

Und der, niedergeschlagen durch die Unsicherheit seines kranken Körpers, nicht wagte, das glänzende Angebot des Preußenkönigs anzunehmen, den er verehrte und der ihm eine einträgliche Arbeit in seinen Wäldern angeboten hatte – Bilder, Szenen, die weinende ängstliche Mutter, der mürrische und verbitterte Vater und immer wieder die Not und der Zwang, höfisch und elegant aufzutreten und mehr zu scheinen, als man war. – Dazwischen strömten ihr die buntesten Anblicke zu, wie sie dalag, die heitersten Augenblicke, im Spiel mit der Schwester Karoline, die früh schon eine junge Dame wurde, früher als Charlotte, die lang Verschlossene, Scheue.

Karolines keckes, niedliches Gesicht, ihre Einfälle, ihre unverblümte Rederei, ihre Phantasien und Phantastereien, mit denen das rundliche Geschöpf seine Umgebung amüsierte. Charlotte erlebte jetzt schwach, als Abglanz oder Eintrübung – beides zugleich – das Gefühl für die lustige Karoline, den hellfarbigen Schmetterling, der schon in der Sonne der allseitigen Bewunderung herumtanzte, als sie selber, Lotte, noch als ungelenkes Kind mit zögerndem Aufblick danebenstand.

Es gab dann Unterbrechungen, hellere Momente, wenn die Pflegerin hereinschlich und irgendein Gebräu, ein kaum wahrgenommenes Getränk an ihre Lippen hielt, die Kissen aufschüttelte, die Decke heraufzog, einmal auch lüftete, wenn es dumpf geworden war im Krankenzimmer.

Charlotte in ihrem hellsichtig-halbbewußten Zustand spürte die Gedanken der guten Lotte Speck, die sie versorgte, und nahm gelegentlich auch die Fürsorge der Krankenpflegerin des Professors dankbar an.

Die Bilder kamen ungeordnet und schwammen wieder hinunter, und wie sie beständig in Schillers Welt und mit seiner Sprache lebte, sagte Lotte dabei auch vor sich hin, was dieses verschwebende Halbdämmern ihr eingab, den Gedanken an den Lethe, den Strom des Vergessens, Totenstrom. Ja, und sie sagte sich vor, was Schiller ihr einmal, tröstlich, in einer schweren Krankheitsnacht zugeflüstert hatte — aus dem Vers „Hektors Abschied", die letzte Zeile: „Hektors Liebe stirbt im Lethe nicht."

Er war auch jetzt bei ihr, der längst Tote, dessen edlen Schädel sie nicht einmal mehr feststellen konnten, da man ihn in einem schlechten Tannensarg im Kassengewölbe zu anderen Särgen geschichtet hatte.

Er war bei ihr, sie glaubte fest daran, mit aller naiven Zuversicht und Beständigkeit, die sie schon als Kind geführt hatte — damals, als sie noch nicht viel von Lethe und kaum etwas von griechischer Mythologie wußte.

Wie sich die Kerben der Erinnerung ins weiche Wachs gegraben hatten, das später, langsam erstarrend, die Eindrücke nicht mehr in gleicher Tiefe eindringen ließ, so stand jetzt, da sie im Finsteren lag und wartete, die späte Jugend wieder auf, die Mutter, die den Töchtern, ganz an den Formen der Höfe ausgerichtet, die Erziehung zumutete, die sie für Hofdienste und herkömmliche Ehen vorbereitete: geduldige Frauen und gute Mütter zugemuteter und dann doch zärtlich empfangener Kinder, Gattinnen selbstherrlicher Männer zu werden, denen sie mit gesellschaftlicher Gewandtheit Verbindungen und Beziehungen verschaffen würden, die ihrer Karriere zugute kamen.

Charlotte hatte später diese Abhängigkeit wohl empfunden, das Ungültigwerden nach des Mannes Tod, und den resignierenden Aufblick zu den Frauen, die sich losgemacht und freigeschwommen hatten, die Schlegel, die Varnhagen – diese freilich ohne Bedrückung durch das Gefühl eigenen Unwerts.

Schiller war da, war bei ihr, würde es immer sein, der sie adelte, wie sie ihm den äußeren Adel, den Zugang zum Geburtsadel vermittelt hatte, den er im Grunde verachtete.

Es wurde Zeit, die Kranke zu füttern, eine Suppe, die die Klinikköchin hereintrug, ein graubraunes Gebräu, auf dem Eiflocken schwammen, und da Charlotte sich still zur Wand gedreht hatte, legte Lotte Speck den Finger an den Mund und die Köchin schlich hinaus.

Die Suppe dampfte noch, Lotte Speck blickte nach den halboffenen Lippen der Frau, ob sie nicht aufwachen und Hunger haben könnte.

Endlich versuchte sie, mit dem Löffel den fiebrigen Mund zu berühren, ein paar Tropfen auf die Unterlippe zu flößen, da schreckte Charlotte auf, als wollte man ihr Gift geben, schlug nach dem Löffel, jammerte gleich darauf und umklammerte wild die Hand – und Lotte Speck verschüttete die Suppe über Hemd und Decke, putzte und wischte, als hänge daran ihr Leben und das der Halbblinden; denn plötzlich ganz klar redend, starrte sie die Pflegerin an. „Sie wissen doch, wie er starb?“ rief sie laut. „Er wand sich, er hustete und rang nach Luft, er preßte die Hand auf die Brust, ach, daß ich ihn noch einmal friedlich sehen könnte, befriedet, ach, Lieber!

Ja, endlich wurde er still – sie sagen, er hätte ‚Judex‘ gesagt, aber das hieße doch ‚Richter‘, wer sollte dich richten, Liebster, du Großer, mein Licht?“

Lotte Speck hörte einen Namen und sah, wie die Frau sich aufbäumte und suchend herumtastete, und hörte sie rufen: „Frieden! Laß mich dein gestilltes Gesicht noch sehen — Frieden!" und dann wie in einer Betäubung zurücksank.

Es wurde der Wärterin unheimlich, soviel Verantwortung, soviel Umstand, man würde sie zur Rechenschaft ziehen, wenn etwas passierte... sie lief hinaus.

Als sie mit dem Professor von Walther zurückkam, den sie auf dem Gang getroffen hatte, lag Charlotte sehr blaß, mit blutigen Augen und ohne Binde, den Kopf über den Bettrand hängend, schluchzend und die Hände in den Teppich geklammert, der vor dem Bett gelegen hatte.

Der Professor stürzte sich auf die Kranke: „Um Gott! Frau Rätin!" und zerrte sie in die Höhe, sah die blutenden Augen und wußte, daß jetzt alles umsonst gewesen war...

Man flößte ihr irgend etwas ein, beruhigende Getränke, verband die Augen neu und legte Kompressen auf.

Charlotte ließ alles mit sich geschehen, lächelnd, als wäre jetzt ein Ziel erreicht, um das sie sich lange geplagt hätte. Walther hielt ihren Kopf in die Höhe, als könnte die Blutung aus den Augen so gestillt werden, er beugte sich über die Kranke, weil er meinte, sie habe geredet, und hörte, undeutlich, aber doch verständlich, daß sie flüsterte: „Ich mußte ihn sehen und habe ihn auch gesehen, und jetzt weiß ich, daß alles vollendet ist und alles gut."

„Sie hat gemeint, der Hofrat sei gekommen und da hat sie ihn sehen wollen...", sagte der Arzt und drehte seinen Kopf zur Seite, um nicht wahrzunehmen, wie die Wärterin weinte.

Draußen kamen Schritte, jemand führte einen jungen Mann ins Zimmer, einen großen ernsten Herrn, Karl.

„Kommen Sie, Herr von Schiller, aber regen Sie Ihre Frau Mutter nur nicht auf!" Walther nahm den Angekommenen bei der Hand. Aber als sie ans Bett traten, schlief die Kranke völlig reglos, hingebettet und gelöst.

Emilie von Gleichen-Rußwurm (als junges Mädchen)
Schillers jüngste Tochter

Der Professor schaute besorgt: Vielleicht war die Dosis zu stark gewesen, und die sensible Frau schlief zu schnell und zu tief?

Er sagte nichts davon, drückte den Sohn auf einen Stuhl und legte den Finger an den Mund.

Karl von Schiller verstand: Es war eine Gnade, daß die Mutter jetzt keine Schmerzen mehr spürte, daß sie bewußtlos schlief.

Der Puls reagiere, es sei keine unmittelbare Gefahr, sagte der Doktor noch und empfahl sich. Karl begleitete ihn hinaus.

Ernst von Schiller, den man gerufen hatte, war allein mit der leise atmenden Mutter, die mit zurückgeworfenem Kopf, den gestreckten Hals bloß, faltenlos gedehnt, wie eine junge Frau aussah; die grauen Haarsträhnen waren in einer Betthaube versteckt, die kleinen weißen Zähne schimmerten im Lichtschein der Nachtlampe – er horchte auf ihren Atem, der jetzt ruhiger ging, setzte sich wartend ans Bett und dachte an sie.

Emilie, die bisher vor dem Krankenzimmer die Besucher und Frager abgewehrt hatte, trat herein, auch die Tochter Karoline war da, und Lotte sah sie alle nicht, sah nichts mehr und war doch unverhofft ruhig geworden, eingesunken in ihren Fiebertraum, wie gewiegt und gehalten und als wisse sie alle Gefahr entgiftet und gebannt.

So schlief sie ein – die Kinder um sich her – den verzweifelten Professor von Walther vor der Tür, und murmelnd, als höre sie eine jenseitige Stimme, sagte sie plötzlich laut und klar: „Ja, Lieber, ja? Und gar kein Gericht, alles Gnade . . . !"

. . . Bis der Gott, des Irdischen entkleidet,
Flammend sich vom Menschen scheidet,
Und des Aethers leichte Lüfte trinkt,
Froh des neuen ungewohnten Schwebens
Fließt er aufwärts, und des Erdenlebens
Schweres Traumbild sinkt und sinkt und sinkt.

Es war der 9. Juli 1826.

Lotte wurde auf dem alten Friedhof von Bonn bestattet, obwohl es ihr Wunsch gewesen war, neben Schiller begraben zu werden. Auf dem Grabstein steht:

„Muß ich ihn wandeln, den düsteren Weg,
Mir graut, ich bekenn es.
Wandeln will ich ihn doch,
Führt er zu Wahrheit und Recht."

Es ist ein friedevoller Nachklang, der bei allem Leid um den Verlust der Mutter in den Kindern zurückbleibt.

Karoline von Wolzogen setzt unwillkürlich und als wäre es kein Übergang, Atmosphäre und Gedanken der Schwester fort, nimmt die Schillerschen Kinder, die freilich keine Kinder mehr sind, mit aller mütterlichen Empfindung auf und an. Den eigenen geliebten Sohn, Adolf, hat sie ja verloren.

In Lottes Todesjahr 1826 wird der erste Enkel, Friedrich Ludwig Ernst, geboren; es ist nichts vergangen und geendet, eine unzerreißbare Kette setzt sich fort wie ein Fluß, der aus mächtiger Quelle angestoßen, nicht durch hemmende Störungen zum Versiegen gebracht werden kann. Er ist der Sohn Karl von Schillers, des Forstmannes, den man einst „Herr Karl" nannte, als er drollig-vergnügt durch die Räume stapfte.

Lottes harmonische Erscheinung, ihre ruhige Selbstlosigkeit, aber auch Schillers kühne geistglühende Züge haben sich in Andeutung und Vermengung weitervererbt. Sein Wesen, von der heiter bewahrenden Frau so glücklich zum Gleichmaß gestimmt, hätte ohne sie kaum die allumfassende Form gefunden, mit der er dem Dioskuren Goethe gleichwertig und doch andersartig, ihn beflügelnd, zur Seite trat, obwohl der doch soviel günstigere Lebensbedingungen angetroffen hatte.

Was über das getrübte Verhältnis der beiden immer geredet und vermutet, welche Schatten da geschaut oder konstruiert worden sind, mag uns nicht kümmern. Lotte hat, getragen und verwandelt, den großen Geist in ihrer Empfindung aufgenommen, eingesogen, so daß – das hören wir aus Briefen und Aufzeichnungen – ein untrennbares Ineinander wirken konnte. Die Bindung der Gatten war keine lässige, keine oberflächliche, keine von einer Seite her egoistische, das spürt der aufgeschlossene Nachfahr, der den beglückenden Vers Schillers liest:

„In der schöneren Welt,
Wo aus nimmer versiegenden Bächen
Lebensfluten der Dürstende trinkt,
Und gereinigt von sterblichen Schwächen
Der Geist in des Geistes Umarmungen sinkt."

Ausschnitt aus einem Hörbild von Ellen Conradi-Bleibtreu

Mit der Beantwortung des Beileidschreibens Johann Friedrich von Cottas beginnt für Ernst von Schiller eine neue Phase Schillerscher Familiengeschichte. Charlotte von Schiller war es zu Lebzeiten nicht gegeben, um finanzielle Rechte zu kämpfen. Nach ihrem Tod besteht ein Anspruch der Erben Schillers auf das Verlagsrecht an den Werken des Dichters. Um dieses Recht wird der Sohn Ernst kämpfen. Er schreibt an seinen Bruder Karl:

„... Dies, lieber Karl, ist aber auch gleichsam das einzige Vermögen, was dereinst unser Schicksal sichern soll. Die Mutter war über unsere Vermögensverhältnisse stets im Dunkeln... Aber außer dem Haus und den nicht bedeutenden Mobilien sind nur circa 7000 Rheintaler vorhanden. Die Tante Wolzogen dachte sich ein Vermögen, wo keines war...“

Cotta hat Verständnis für die Anliegen der Familie Schiller. Wie sagte doch Friedrich von Schiller im Mai 1798, nach einem Besuch des Verlegers:

„Unser Vertrauen ist auf eine wechselseitige Hochschätzung gegründet, die höchste Sicherheit, deren ein menschliches Verhältnis bedarf.“

Dezember 1826. Cotta und Schillers Erben haben einen Vertrag geschlossen. Johann Friedrich von Cotta erhält ein 25-jähriges Recht, die Schillerschen Werke nach seiner bewährten Art zu verlegen. Hierfür verpflichtet er sich, die Summe von 70.000 Talern (preußisch) zu zahlen. Friedrich von Schillers Wunsch, seiner

Familie „die nötige Unabhängigkeit zu verschaffen", geht 21 Jahre nach seinem Tod in Erfüllung.

Zwischen den Familien Goethe und Schiller kommt es nicht so schnell zu einer Einigung. Mißtrauen trübt das Verhältnis. Goethes Sohn August spricht von geheimen Abfindungen der Familie Schiller durch Cotta:

„Weimar, den 7. 4. 1828. Ich habe, mein treuer Freund, diesmal endlich anzuzeigen, daß die Korrespondenz Deines Vaters mit dem meinigen Sonntag, den 6. 4., an die J. G. Cottaische Buchhandlung nach Stuttgart abgegangen ist, nicht ohne vorher erlebten bedauerlichen Verdruß. Mein Vater, welcher den Kindern seines Freundes für den Anteil an dieser Ausgabe verpflichtet zu sein glaubt, will ohne vorhergegangene Berichtigung, ohne Zahlung der stipulierten Summe, das kostbare Manuskript nicht aus den Händen geben, worüber Herr von Cotta, als über eine Verletzung wohlverdienten Vertrauens, sich höchstlichst beschwerte und dem Vater dadurch bedeutenden Verdruß erregte. Hierbei kam aber zum Vorschein, daß die Schillerschen Erben indessen, ohne daß mein Vater das Geringste erfahren hatte, schon vollkommene, ja überzählige Befriedigung erhalten."

Soweit August von Goethe. Und Ernst von Schiller schreibt: „... Daß Cotta das Manuskript der Korrespondenz hat, ist mir lieb, Cotta's und des Publikums wegen. Wenn Dein erhabener Vater die Ablieferung des Manuskripts aus Sorge für die Befriedigung des Schillerschen Anteils verzögert, um welche Sorge ich nie gebeten, und welche ich auch nie beabsichtigt habe, so muß ich ihm für die gute Meinung Dank wissen. Wenn er aber glaubt, diese Befriedigung habe überhaupt stattgefunden und sie sei sogar mit Verheimlichung gegen ihn erfolgt, so ist es ein schmerzlicher Irrtum, und er hegt eine Unterstellung, welche der Familie Schillers und mir einen ungerechten Vorwurf darbietet. Denn, teurer Freund, es ist gänzlich unwahr, daß von Cotta auf das Honorar für die Goethe-Schillersche Korrespondenz an die Schillerschen Erben irgendeinen Groschen bezahlt hat... Wenn Dir, lieber August, noch irgend etwas an der Ehre Deines fernen Freundes liegt, so kläre mir Deine Angabe näher auf. Auch ich werde Dich von Cottas Antwort in Kenntnis setzen, um den ungerechtesten Vorwurf, der mir jemals gemacht ward, und der in eines Freundes Brust nicht leicht hätte Fuß fassen dürfen, von mir zu entfernen..."

Sulpiz Boisserée, Kunstgelehrter in Köln, bewährt sich als Vermittler und trägt zur Schlichtung der Spannungen zwischen Cotta und Ernst von Schiller auf der einen Seite und Goethe auf der anderen Seite bei, die auf einem Mißverständnis beruhten...

Personenverzeichnis

Amalia, Anna, Herzogin von Sachsen-Weimar Herzoginmutter. 1739–1807.

Augé, Johann Abraham David von, Regimentskommandeur, General, im Dienste des Herzogs Carl Eugen von Württemberg.

Baggesen, Jens, dänischer Dichter, Schriftsteller 1764–1826.

Beulwitz, Friedrich Wilhelm Ludwig, Freiherr von, Hofrat, 1755–1829.

Beulwitz, Karoline von, geb. von Lengefeld, Schwester Lottes, in zweiter Ehe verh. mit Wilhelm von Wolzogen (siehe auch Wolzogen)

Carl Eugen, Herzog von Württemberg, 1728–1793

Caroline Luise, Prinzessin von Hessen-Homburg, Frau des Erbprinzen Ludwig Friedrich von Schwarzburg-Rudolstadt.

Cotta C. von Cottendorf, Johann Friedrich, Freiherr (Adelserneuerung 1817), Verleger vor allem Schillers, Goethes, Herders.

Dacheröden, Karoline von, siehe Humboldt, Karoline von.

Dalberg, Carl Theodor, Reichsfreiherr von, älterer Bruder des Intendanten, Koadjutor des Erzbistums Mainz in Erfurt, Kurfürst, Fürstprimas von Mainz, Großherzog von Frankfurt.

Dalberg, Wolfgang Heribert, Reichsfreiherr von, Intendant am Mannheimer Nationaltheater, 1750–1806.

Dannecker, Johann Heinrich von, Bildhauer, 1758–1841.

Fischenich, Bartholomäus Ludwig, Professor in Bonn.

Friedrich Christian, Herzog von Schleswig-Holstein-Augustenburg, (Gönner Schillers). 1765–1814.

Gleichen-Rußwurm, Emilie, Freifrau von, Schillers jüngere Tochter, siehe auch Schiller, Emilie Friederike Henriette von, 1804–1872.

Goethe, „Frau Aja", „Frau Rat", Katharina Elisabeth geb. Textor, Goethes Mutter, 1731–1808.

Goethe, Johann Wolfgang von, 1749–1832.

Goethe, Christiane von, geb. Vulpius, seit 1806 mit Goethe verheiratet. 1765–1816. Siehe auch Vulpius, Christiane.

Goethe, Julius August Walter von, Goethes Sohn, 1789–1830.

Griesbach, Friederike Juliane, geheime Kirchenrätin, Frau des Professors Griesbach.

Hardenberg, Friedrich Freiherr von, Dichter, nannte sich Novalis. 1772–1801.

Herder, Johann Gottfried von (1802), Theologe, Schriftsteller, Philosoph, Generalsuperintendent in Weimar. 1744–1803.

Herder, Karoline, geb. Flachsland, Herders Frau. 1750–1809.

Heron, schottischer Kapitän, jüngerer Bruder des Lords Inverary, Lottes erste große Liebe.

Hölderlin, Friedrich, Dichter. 1770–1843.

Hohenheim, Franziska Theresia, Reichsgräfin von, Herzogin von Württemberg und Teck, geb. Freiin von Bernardin, geschiedene von Leutrum, zweite Frau des Herzogs Carl Eugen, 1748–1811.

Hoven, Henriette von, Gattin des Arztes von Hoven.

Hoven, Friedrich Wilhelm Daniel von, Arzt und Hofmedikus; war mit Schiller Karlsschüler.

Humboldt, Alexander Freiherr von, Naturforscher, Bruder Wilhelms von Humboldt. 1769–1859.

Humboldt, Wilhelm Freiherr von, Gelehrter und Politiker.

Iffland, August Wilhelm, Schauspieler, Theaterdirektor, Dramatiker, 1759–1814.

Inverary, schottischer Lord.

Jean Paul, eigentlich Friedrich Paul Richter, Dichter, 1763–1825.

Junot, Franz, Berggraf, Ehemann Karolines von Schiller, Schillers älterer Tochter.

Kalb, Charlotte von, geb. Marschalk von Ostheim, Freundin Schillers.

Kalb, Heinrich von, Major, Gatte Charlottes.

Karl August, Herzog von Sachsen-Weimar, 1757–1828 (seit 1815 Großherzog).

Klopstock, Friedrich Gottlieb, Dichter, 1752–1803.

Knebel, Karl Ludwig von, Schriftsteller, Übersetzer, Hofmeister beim Prinzen Constantin v. Sachsen-Weimar, 1744–1834.

Körner, Christian Gottfried, Freund Schillers, Oberkonsistorialrat. 1756–1831.

Körner, Minna, geb. Stock, Gattin Chr. G. Körners.

Kotzebue, August von, Schriftsteller, Bühnendichter, Rechtsanwalt, russischer Generalkonsul. 1761–1819.

Lavater, Johann Kaspar, Theologe, Schriftsteller, 1741–1801.

Lengefeld, Carl Christoph von, Oberforstmeister am Schwarzburgisch-Rudolstädter Hof, Vater Lottes und Karolines von Lengefeld.

Lengefeld, Charlotte Luise Antoinette (Lotte, Lolo) von, Schillers Frau, Schillers Lotte. 1766–1826.

Lengefeld, Karoline von, Lottes Schwester, 1763–1847, siehe auch Beulwitz von, Wolzogen von.

Lengefeld, Luise Juliane Eleonore Friederike von, geb. von Wurmb *(chère mère).* 1743–1823.

Lessing, Gotthold Ephraim, Dichter und Kritiker. 1729–1781.

Locher, Luise, Mädchenname der Frau Karl von Schillers (Heirat 1825), des älteren Sohnes Schillers.

Ludwig Eugen, Herzog von Württemberg, Nachfolger seines Bruders Carl Eugen.

Ludwig XVI. König von Frankreich, 1754–1793.

Mastiaux, Helena von, verwitwet, Schwester des Domänenrentmeisters Pfingsten aus Villich/Rhein. Gattin Ernst von Schillers, des jüngeren Schiller-Sohnes.

Montesquieu, Charles de Secondat, Baron de la Brède et de, französischer philosophisch-politischer Schriftsteller, 1689–1755.

Napoléon I. Bonaparte, Kaiser der Franzosen. 1769–1821.

Plutarch, Plutarchos, griechischer Schriftsteller. Um 46 bis 120 n. Chr.

Racine, Jean, französischer Bühnendichter. 1639–1699.

Rapp, Gottlob Heinrich, Kaufmann in Stuttgart, Schwiegervater des Bildhauers Dannecker.

Reinwald, Friedrich Wilhelm Hermann, Bibliothekar, Schillers Schwager. 1737–1815.

Rieger, Baron, Beobachter des Herzogs Carl Eugen in Paris.

Rousseau, Jean-Jacques, Schriftsteller, Philosoph, Pädagoge. 1712–1778.

Scharffenstein, Georg Friedrich, mit Schiller Karlsschüler.

Schelling, Friedrich Wilhelm, Philosoph, Professor in Jena, Würzburg, München, Erlangen. 1775–1854.

Schiller, Friedrich Johann Christoph von (1802). 1759–1805.

Schiller, Luise Antoinette Charlotte von (Lotte, Lolo) geb. von Lengefeld; Friedrich Schillers Frau, Schillers Lotte. 1766–1826.

Schiller, Johann Kaspar, Wundarzt, Hauptmann, Verwalter der Hofgärten auf der Solitude; Friedrich Schillers Vater. 1723–1796.

Schiller, Elisabeth Christophine Friederike, Friedrich Schillers ältere Schwester (Lieblingsschwester). 1757–1847, siehe auch Reinwald.

Schiller, Luise Dorothea Katharina, Schwester Friedrich Schillers. Ehefrau des Johann Gottlieb Frankh, Pfarrer in Möckmühl.

Schiller, Karoline Christiane (Nanette), Schwester Friedrich Schillers. 1777–1796.

Schiller, Karl Friedrich Ludwig Freiherr von (1845), Oberförster, Friedrich und Lotte Schillers älterer Sohn. 1793–1857.

Schiller, Ernst Friedrich Wilhelm von, Preußischer Appellationsgerichtsrat, Friedrich und Lotte Schillers jüngerer Sohn. 1796–1841.

Schiller, Karoline Friederike Luise von, Friedrich und Lotte Schillers ältere Tochter. 1799–1850. Siehe auch Junot.

Schiller, Emilie Henriette Luise von, Friedrich und Lotte Schillers jüngere Tochter. 1804–1872. Ehefrau d. Gleichen-Rußwurm, Heinrich Adalbert. 1803–1887.

Schiller, Friedrich Ludwig Ernst Freiherr von, Sohn Karl v. Schillers und Luise, geb. Locher. 1826–1877.

Schlegel, August Wilhelm von, Literaturhistoriker, Kritiker. 1767–1845.

Schubart, Christian Friedrich Daniel, Dichter und Musiker. 1739–1791.

Schwabe, Karl, Bürgermeister in Weimar.

Shakespeare, William, englischer Dramatiker. Wahrscheinlich 1564–1616.

Simanowiz, Kunigunde Sophie Ludovica, geb. Reichenbach, Malerin. 1759–1827.

Speck, Lotte, Hilfe im Hause Schillers.

Stael-Holstein, Anne Germaine Baronesse de, genannt Madame de Staël, geb. Necker, französische Schriftstellerin. 1766–1817.

Starck, Johann Christian, Dr., Arzt in Jena und Weimar.

Stein, Charlotte von, geb. von Schaardt, Freundin Goethes, Patin Lottes.

Stock, Dora, Verlobte Hubers, Tochter des (verstorbenen) Kupferstechers Stock.

Stock, Minna, Braut und spätere Frau Christian Gottfried Körners, Schwester Doras.

Stuart, Maria, Tochter Jakobs V. und der Maria von Guise. 1542–1587.

Streicher, Johann Andreas, Mitschüler und Fluchtgefährte Schillers. Musiker. 1761–1833.

Tieck, Johann Ludwig, romantischer Dichter. 1773–1853.

Vischer, Luise, Hauptmannswitwe, Quartierwirtin Schillers in Stuttgart.

Voß, Heinrich, Gymnasiallehrer, Professor. 1779–1822.

Voß, Johann Heinrich, Dichter, Übersetzer, Professor. 1751–1826.

Wallenstein (Waldstein), Albrecht Wenzel Eusebius von, Herzog von Friedland, Feldherr. 1583–1634.

Walther, Professor von, Augenarzt in Bonn.

Wieland, Christoph Martin, Dichter. 1733–1813.

Wilhelm I., König von Württemberg. 1781–1864.

Wolzogen, Adolf Karl Wilhelm von, Sohn Wilhelms und Karolines von Wolzogen. 1795–1825.

Wolzogen, Karoline von, geb. von Lengefeld, geschiedene von Beulwitz, Schwester Lottes. 1763–1847. (K. v. W. war auch schriftstellerisch tätig).

Wolzogen, Ludwig Ernst Freiherr von; in preußischen, württembergischen und russischen Diensten. Militärbevollmächtigter beim Bundestag. Sohn Henriettes von W. 1773–1845.

Wolzogen, Wilhelm Friedrich Ernst von, Oberhofmeister in Weimar, Sohn Henriettes von W. Freund und Schwager Schillers. 1762–1809. Vetter der Schwestern Lengefeld.

Wurmb, Luise Juliane Eleonore Friederike von, siehe Lengefeld, Luise von.

Zumsteeg, Johann Rudolf, Komponist, mit Schiller Karlsschüler. 1760–1802.

Quellenverzeichnis

Dannecker, Joh. Heinrich
Das Leben, das Werk, der Mensch, 61 Abb. mit einer Einführung von Adolf Spemann, Verlag F. Bruckmann, München 1958.
Goethes Werke, Auswahl in 16 Bänden
Druck und Verlag v. Philipp Reclam jun.
Goethes Briefe an Frau von Stein.
Verlag Birkhäuser, Basel, 1949.
Frauen der Goethezeit in ihren Briefen
Herausgeber Günter Jäckel, Verlag d. Nation Berlin
Kiene, Hans-Joachim
Schillers Lotte, Droste Verlag Düsseldorf 1984.
Kühnlenz, Fritz
Schiller in Thüringen, Stätten seines Lebens und Wirkens, Greifen-Verlag zu Rudolstadt 1976.
Kurz, Hermann
Schillers Heimatjahre, ein vaterländischer Roman, bearbeitet von Heinz Amelung, Verlag Georg Westermann, Braunschweig 1918.
Lahnstein, Peter
Bürger und Poet, Dichter aus Schwaben als Menschen ihrer Zeit, Franckh'sche Verlagshandlung Stgt. 1966.
Lahnstein, Peter
Schillers Leben, Paul List-Verlag München 1981.
Lebensbilder aus Schwaben und Franken Bd. X
Franziska von Hohenheim, Gemahlin Herzog Carl Eugens von Württemberg 1748–1811 von Utta Keppler S. 157–183. König Friedrich von Württemberg 1754–1816 von Dietmar Scholz S. 184–213.

Mann, Thomas
Versuch über Schiller, S. Fischer Verlag Berlin/Frankfurt 1955.
Minder, Robert
Wozu Literatur? Bibliothek Suhrkamp 1971.
Missenharter, Hermann
Schwäbische Essays, Port-Verlag Urach 1946.
Mosapp, Hermann
Charlotte von Schiller, Verlag Max Kielmann Stuttgart 1905.
Müller, Ernst
Der junge Schiller, Rainer Wunderlich Verlag (Herm. Leins), Tübingen/Stuttgart 1946.
Müller, Ernst
Schwäbische Ahnen d. dt. Geistes, Stiftsköpfe, Heilbronn 1938.
Charlotte von Schiller und ihre Freunde
Bd. 1 (1860) Vermischte Aufzeichnungen,
Bd. 2 (1862), Bd. 3 (1865), gesammelt von Ludwig Ulrichs, Verlag J. G. Cotta Stuttgart 1865.
Briefe des jungen Schiller 1776–1789
Kösel-Verlag München 1969.
Feuertrunken, Schillers Briefe bis zu seiner Verlobung
Wilh. Langewiesche-Brandt, Ebenhausen bei München 1909.
Schillers sämtliche Werke in 12 Bänden
Druck und Verlag Philipp Reclam jun., Leipzig,
1. Preis 1881 an den Vater der Autorin.
Schillers Schwabenreise, Jahresausgabe 1959 d. Höh. Fachschule für das graphische Gewerbe Stuttgart, Bilder, Briefe, Berichte, zusätzlich gestaltet und eingeleitet von Bernhard Zeller
Schiller, Friedrich über Kunst und Wirklichkeit, Schriften und Briefe zur Ästhetik, Reclam Leipzig 1985.
Sonderheft der Zeitschrift Stuttgarter Leben
34. Jgg. H. 8, 1959,
„Friedrich Schiller 1759–1959."

Ausstellung zum Gedächtnis d. 200. Wiederkehr des Geburtstags von Friedrich Schiller
Leben, Werk und Wirkung, Schiller National-museum Marbach a. N.
9.5. bis 31.12.1959
Schubart, Christian Friedrich Daniel
Schubart-Werke, Berlin und Weimar 1965.
Seeliger, Germar
Schillers köstliche Reste in: Die Zeit Nr. 40 v. 27. 9. 85 (ein bis heute mysteriöser Fall: Was geschah mit des Dichters Schädel?)
Sieburg, Friedrich
Napoleon, die hundert Tage, Europäischer Buchklub, Stuttgart-Zürich-Salzburg
Uhland, Robert
Geschichte der Hohen Karlsschule in Stuttgart
W. Kohlhammer Verlag Stuttgart 1953.
Weimar, Bilder einer traditionsreichen Stadt
Fotos v. Klaus G. Beyer, Text v. Herbert Greiner-Mai
Aufbau Druck und Verlag Berlin-Weimar 1981.
Wolzogen von, Karoline
Schillers Leben, Druck v. Bibliographischen Institut Leipzig.

Bildernachweis

Umschlagbild:	Charlotte von Schiller Ölgemälde von Ludovike Simanowiz
Vorsatz:	Rudolstadt Stich von Fr. Hablitschek nach einer Zeichnung von J. Rohbock
Seite 6:	Charlotte von Lengefeld Bleistiftzeichnung von Charlotte von Stein, 1791
Seite 39:	Friedrich Schiller Ölgemälde von Ludovike Simanowiz, 1793
Seite 59:	Charlotte von Schiller Ölgemälde von Ludovike Simanowiz, 1794
Seite 67:	Schillers Traukirche in Wenigenjena, 1792 – Aquarell von G. Tägebart
Seite 85:	Karoline von Wolzogen Ölgemälde von Ambère – Paris, 1808
Seite 97:	Schillers Haus in Weimar Lithographie nach einer Zeichnung von Cäcilie Brandt
Seite 105:	Dannecker, an der Büste Schillers arbeitend Ölgemälde von Hofmaler Erhardt
Seite 123:	Schiller in der Jenaer Zeit Ölgemälde von einem unbekannten Künstler
Seite 137:	Karl von Schiller (Schillers erster Sohn) Ölgemälde von F. G. Stirnbrand
Seite 145:	Ernst von Schiller (Schillers zweiter Sohn) Ölgemälde von W. Bracht
Seite 155:	Karoline Junot (Schillers ältere Tochter) Zeichnung von Christophine Reinwald
Seite 163:	Emilie von Gleichen-Rußwurm (als junges Mädchen), Schillers jüngste Tochter – Zeichnung

Sämtliche Bilder:
Schiller-Nationalmuseum, Marbach/Neckar

Ich danke Frau Eva Koscky für die selbstlose
Hilfe bei der Fertigstellung des Manuskriptes.

Utta Keppler